我（左一）與父母親、兄弟姊妹全家福合照。

和只差一歲的哥哥，攝於草屯老家三合院。

民國 61 年，於金門擔任憲兵時的留影。

民國 35 年，父母於南投草屯結婚。

8 個月大時與父親合影。

攝於金門金城。

民國 90 年，與母親攝於草屯手工藝學校。母親一直給予我有形與無形的支持。

民國 99 年 3 月 23 日，我在台東布農部落，由沈正牧師用點水禮受洗成為基督徒。

2012 年 9 月 30 日東門捷運站啓用，與郝龍斌市長一起試乘。

2012 年 9 月 30 日永康國際商圈慶祝東門捷運站啓用。

迎接東門捷運站啓用。

民國 102 年 12 月 31 日，永康國際商圈舉辦跨年摸彩活動。

民國 102 年 11 月 23 日，在佳傳永續關懷音樂會上，與金馬影帝徐詣帆同台演唱，幫助獨居老人。

民國 102 年為麥當勞遠地就醫病童，舉辦微圓感恩音樂會募款。

民國 102 年 3 月，為麥當勞叔叔之家慈善基金會招募 100 位志工。

民國 102 年捐 100 萬元善款，幫助麥當勞遠地就醫病童記者會。

因連續 13 年關心獨居老人，於民國 102 年榮獲副總統吳敦義先生頒發金獅獎。

民國 102 年 6 月，屏東縣長曹啓鴻蒞臨永康國際商圈第一屆芒果節，2 小時內募款 105 萬，捐勵馨基金會。

民國 91 年，時任市長的馬英九頒獎給永康模範社區。

民國 98 年，永康國際商圈勇奪優質商圈及網路人氣排行榜雙料冠軍。

民國 96 年，大來小館獲得滷肉飯冠軍。(世界賽共 10 個國家評審)

永康商圈美食遊樂節活動，也是吸引觀光客走進永康街的創意巧思。

民國 102 年，我與 H GALLERY 造型沙龍獲得質感菁英獎。

民國 100 年，永康國際商圈共 7 個店家獲選為台北市政府產業發展局輔導改造的對象。

永康國際商圈捐花格襯衫製作小熊，給麥當勞叔叔之家病童創造守護天使。

南投縣第一屆縣長夫人李吳美玉女士，以 1 萬隻手摺蝴蝶，募得 300 萬元義款。

2002 年，協助打造台東縣延平鄉布農部落河堤戶外花園。

台東縣延平鄉布農部落河堤套房及山泉泳池。

台東縣延平鄉布農部落紅葉溫泉。

讓利，讓你無往不利

永康國際商圈推手李慶隆的故事

李慶隆 著

李慶隆顧問幽默風趣、熱情有餘、活力無限，永遠有新點子，一件平凡無奇的募款專案，經過李顧問的巧思，就變成吸引人的創意活動。多次李顧問協助的專案，成就了布農部落的夢想。

李顧問和布農的邂逅，要從二〇〇二年說起。那年夏天，蘇希宗董事告訴李顧問，台東有個布農文教基金會，有個白牧師，他們以基督信仰爲基礎，義務幫部落孩子課業輔導，並讓孩子學得一技之長，長大後有自信、有尊嚴。他們還以自給自足的產業經營模式，提供工作機會給部落族人，年輕學子假日也回到部落，一起重建希望工程。

李顧問聽了蘇董的述說之後，感動到幾乎要落淚！

有一次李顧問聽到布農「部落劇場」演唱布農族自創曲〈孩子，回家吧！〉，聽完後淚水如水龍頭般流不停、關不住……從此以後，布農文教基金會成了他最美麗的負擔與驕傲。

李顧問第一次到布農，強烈建議爲了族人的命運，布農基金會一定要去標下紅葉溫泉的委外經營權。這一年，憑著上帝的信心、李顧問的愛，以及布農人的骨氣，勇敢的跟企業競標，終於標到了台東紅葉溫泉。

接下來，爲了提升競爭力，布農急需要近三千萬元融資，增建紅葉溫泉設施和河堤民宿套房。細膩而嚴謹的李顧問，確認布農基金會眞的有能力償還這筆鉅資之後，立即撥款紓困，三年後布農基金會無息全數還清借款。

於是，二〇〇二這年，紅葉溫泉增設了衛浴設施、露營設施、風味屋、咖啡屋、賣場。第二年（二〇〇三年），河堤套房乙棟十六間蓋起來了，還有美麗的庭院和山泉泳池。

李顧問本著仁慈與慷慨，幫助了四十五個布農族人就業。幫助一個人就業，就等於維繫了一個家庭的生存命脈！間接幫助了兩百位以上布農族人。愈多族人回部落，族人就愈有能力共同守護美麗的山林，重建自己的文化、部落，讓在地布農族人續留部落，永續布農文化生命。

好幾次和李顧問談話，聽到他白手起家的故事，實在令我非常佩服。縱然他擁有令人稱羨的社經地位，卻從不忘記幫助遠在台東的布農文教基金會。好多次，感性的他爲了幫布農募款、辦音樂晚會，不僅出錢借場地、出面邀請所有親朋好友賞光，還親上舞台主持晚會及獻詩。

更讓我感動與驚訝的是，他選擇在布農部落受洗，並將主題定爲「站在最需要關懷的地方」，李顧問只謙虛的說：「這一切都因爲有上帝的愛。」他將一切榮耀歸給上帝，卻對台東布農族人如此謙卑，又如此關愛。

在出版《讓利》的此刻，李顧問一本愛布農的初衷，將這本書的部分版稅捐給布農。李顧問，您不單單是顧問，您眞是我們最親愛的家人啊！願上帝充充足足的愛永遠與您同在！

——布農文教基金會執行長　白光勝

台北有名的餐廳、小吃店很多，具有特色的商店街也不少，但能像永康商圈這樣享譽國際的卻不太多。除了先天大環境的優勢，和全部商家的共同勤奮努力之外，商圈協進會理事長李慶隆的推手角色也有目共睹。

他是一位房地產從業者，爲了營造更好的房屋銷售條件、價格，他徹底做到盡責的售後服務和維持人脈，他的「敬業」爲永康商圈奠定了基礎。與敬業並存的另一個重要因素是「愛心」，因爲有「愛」，願意付出，願意讓出利益，因此他透過「讓利」，自己先經歷了「無往不利」！

「敬業、讓利」的爆炸力，不僅只發生於李慶隆所在的永康商圈中，也很可能發生在每一個願意效法的個人與社區裡。

不信，你就試試看！

——佳音電台台長 呂思瑜

我與慶隆兄認識多年，一路上看著他堅持爲社區服務的理念，一肩攬起振興永康商圈的責任。在這段期間，他碰到了許多困難與挑戰，但是他從不退卻，也不以挫折爲苦。爲了促進地方發展，他努力克服困難、勇往直前，這種毅力、意志力與服務奉獻精神，不僅令人感動，更讓人欽佩！

現在年輕人正面臨著「高學歷、高失業率」「22K」「物價飛漲就是薪水未漲」的經濟窘境，慶隆兄的親身故事也可以做爲年輕人的勵志榜樣，學習如何在困境中正面樂觀、積極努力、永不放棄！

慶隆兄的經驗，也讓我想起了美國總統歐巴馬的一句話：「If you're walking down the right path and you're willing to keep walking, eventually you'll make progress.」（如果你沿著正確的路徑走且願意繼續走下去，最終你將獲得進展。）希望與大家共勉！

——立法委員

在我的偏見裡，總對房仲業者有某種程度的退避三舍。但是，對李大哥，我心中卻滿懷感恩與敬佩。

第一次見到李大哥，知道他是一位賺了好多錢的房仲業者。他來到勵馨基金會，介紹他的伯母蝴蝶奶奶（南投縣第一、二屆縣長夫人），她高齡九十歲、罹癌，要爲九二一地震受傷嚴重的南投募款。眞是不可思議，李伯母在二十天之內，以舊月曆摺了上萬隻的蝴蝶。而李大哥居然有辦法義賣這些紙蝴蝶，籌到三百萬，其中一百五十萬捐給了勵馨在南投的重建工作。

這一切，勵馨非常感恩。我們對蝴蝶奶奶尊敬有加，對李大哥則佩服他的人際網絡與執行力。他是一位說到做到的人。讓我更加佩服的是，李大哥居然能夠持續不間斷的做公益。台灣有很多公益團體，包括伊甸基金會、布農文教基金會、罕見疾病基金會……都是他協助的對象。李大哥說，他體驗到人性裡某個良善動機啓動之後，帶給他無比的快樂。

近幾年，李大哥身爲台北市永康國際商圈協進會理事長，鍥而不捨的鼓動商圈店家一起做公益，他遊說店家說：「事業上的成功，成就感只在個人身上；而公益行動則不一樣，因爲你幫助了一群人，提升了一群人的生活品質，那種快樂是事業成功的數百倍。」這也讓永康國際商圈變得很不一樣。

值得一提的是，勵馨在羅斯福路的辦公室，就是李大哥仲介的，當時以超低價格購置。他說：「紀執行長，相信我，妳以後會感謝我的。」果然，回頭看當時，若不是李大哥專業的眼光與誠心協助，我們不可能找到如此價廉物美的好辦公室，李大哥帶給勵馨很大的祝福。

李大哥去年說，他想出書，寫自己的房仲專業經驗分享給年輕人，而且想透過書來募款，沒想到他說到做到，《讓利，讓你無往不利——永康國際商圈推手李慶隆的故事》一轉眼就已經上架了。

這本書很實用、很誠懇，我再次閱讀到李大哥從小被兒虐、離家出走的秘密。可是這樣長大的李大哥，心中居然是那麼的柔軟。在受洗成爲基督徒之後，更顯出了不一樣的生命價值。他選擇原諒了父親，試著理解父親的情感。書中說：「在那樣的年代，要養活這麼多小孩，又受嚴肅的日本教育，父親被時代和生活所夾殺，他只是很努力帶著我們一家人，用他的方式活下來。父親是個加害者，同時也是他自己的受害者。我漸漸感同身受他身上的苦痛，慢慢選擇原諒他了。」

我認爲這本書對年輕人有極大的鼓舞與啓示，這是一本學校不會教的生命智慧結晶。李大哥腳踏實地、在困境中求生存的生命歷程讓人感動，尤其是他分享媽媽爲了他——一個自尊心低、沒有尊嚴的孩子——如何改變困境、營造動力，讓他有尊嚴的當上班長，母親的愛讓他的生命轉彎了。

還有，李大哥少年北上闖蕩打拚，他聰明的觀察環境、破除困難、不做金絲雀、學會解決問題、創造雙贏、保護弱勢、拒絕誘惑、給自己留空間、追求信仰與公益奉獻等生存法則，透過生動的故事躍然紙上，對於現代的年輕「新貧」一族，極具意義與啓發作用。

——**勵馨基金會執行長** 紀惠容

前言

沒有誰輸誰贏，只有先讓後讓

我住在永康街附近已經幾十年了，朋友來訪時，我常習慣招待他們到永康商圈吃飯，讓他們見見永康街這些年來的變化，每次接待的朋友對餐廳的菜色讚嘆不已，或是走在街上露出滿意的微笑，這些細微的表現都讓我很開心。這就好像自己的小孩得到外人肯定一樣，充滿成就感。

現在在台北市，能在舒適的小巷弄裡吃飯愈來愈不容易了。台北市的巷弄都不寬，大多屬於住商混合，有一些地區禁止六米巷內做餐廳營業，以免影響到附近居住品質。我多次跟台北市長、都市發展局的局長開會，建議他們：如果一家餐廳營業超過十年以上，一直可以控管油煙、噪音的話，就應該准許繼續營業。我希望台北的永康街可以參考大直模式，大直老街本身並沒有變動，也有很多特色商店在小巷內營業，而在大直老街之外再設重畫區，裡面有寬廣的街道，等於是把住宅有計畫的往周邊移動。大直這二十五年來發展完善，有好幾棟建案價格比大安區還貴。

住家與商家之間的爭議根源，其實是雙方利益擺不平，一方爲了賺錢，一方爲了維護居住品質，沒有誰對誰錯。人生大抵也是如此，很多衝突時刻，導火線都只是一個沒有對錯的利益問題而已。

經過我多次跟台北市政府開會，我們得到一個折衷的方案：由我們永康商圈直接跟台北市商業處訂立自律公約，約束店家不能營業超過十點半，也承諾不會造成噪音和油煙問題。我們商圈裡八成的店家都簽署了這項協議。大家和睦相處。

於是居民的生活品質得到保障，而店家藉由提升產品品質，走中高價位而有較高的利潤，可以說是雙贏的局面。

我習慣招待朋友到這裡的一家素食餐廳，老闆娘非常用心，從食材到烹煮的技巧無一可挑剔，讓即便吃慣大魚大肉的食客，也能完全沉浸於享受這些菜色，而忘記食材沒有絲毫「肉味」。這一天，我請了朋友到這家餐廳吃飯，結帳時是一千零一元，我掏了一千元大鈔出來之後，老闆娘的手還懸在空中，她在等那個「一元」。

我從二十三歲在永康街創業，開設房屋仲介，高峰時期在永康街、麗水街、潮州街、青田街、連雲街、臨沂街、新生南路、信義路、金山南路、金華街一帶成交的物件，我們公司的市場占有率就有百分之七十。民國八十九年，我創立了「永福生活圈社區發展協會」（編按：永康商圈涵括永康、福住兩個里）；民國九十三年，結合了當地一百多間店家成立「永康國際商圈協進會」，目前平均每四間店家就有一間是我們協進會的成員。在永康商圈，沒有人不認識我。

這家素食餐廳也是我們協進會的一員，老闆娘當然也認識我。以一般做生意的習慣，多這一元，通常就省略不收，更何況我跟老闆娘還相識，懸在空中的手似乎就意味著連這一元都要收。一般人遇到這樣的狀況一定會生氣，才一元為什麼要算得這麼清楚？多賺這一元，是能賺多少？

我從十七歲在鄉下賣鳥，二十歲在金門那種險惡的環境服役，退伍在大型建設公司當工友。短短一年的時間，我從工友調升到營業部經理，下轄廣告、行銷、業務三個部門，是公司裡最重要的位子。之後，我創業做房地產，每天接觸不同的人，在不同的人身上學到不同的識人術。在這位堅持收一元的老闆娘身上，我看到了不一樣的特質。

從這「一元必計」的做事態度來看，老闆娘做事精準，對細節毫不放鬆，也反映到她的餐館經營上，菜色的味道數年來都維持穩定的水準，幾道經典菜色，你不管是尖峰還是離峰的用餐時刻來吃，都是一樣的味道。這種謹小愼微的性格，讓到這裡用餐的客人覺得很安心，不必擔心老闆娘亂用有問題的食材，上次覺得好吃的菜，現在卻因爲客人較多就變得隨便這種事，也不會發生。

而這個「一元必計」表現出的另一面是，老闆娘的成本控制抓得很緊，對成本、收入的一毫一釐都清清楚楚的控制，不講人情、鐵面無私，這對經營一間小商店或是一家大公司都是最關鍵的地方。這家店在永康商圈的生意很好，但他們並不會因爲生意興隆，在成本控制方面就打馬虎眼。所以，你說一元不重要嗎？一元太重要了。

我掏出了一元給老闆娘，跟著朋友一起出了餐廳。我對這家店非常滿意，我下次一定還會再來。

我們常說「識人」，識的不只是對方是怎樣的人，還要辨別出這個人信仰的價值。就像這個堅持收一元的老闆娘，我們若只看表面，會覺得她小氣、頑固不知變通，但你從店內一塵不染的布置、精準的菜單設計，可以看到她背後的經營哲學和信仰價值，就會知道她這個「一元」的背後，是她做事情的嚴謹一面。

我們活在一個充滿人的世界，個人無法置於人之外而存活，能夠正確識人，才能正確決定如何與對方互動，而人際關係的和諧，關鍵就在於你對人做出了正確的判斷。我們常說：天時、地利、人和，天時與地利不見得爲我們控制得了，只能聽天命了，而人和的部分是我們能掌控的，所謂「和氣生財」，人際關係和諧了，一切事情也就能順利了。

有些人以爲人際關係的和諧就是「和稀泥」、見風轉舵，尤其在住商混和的永康商圈裡，好像為了討好客人，就什麼事都能做。我覺得，讓出自己的利益的難處，並不只是捨不捨得割捨利益的問題而已，而是自己同時也必須很清楚明白，哪些事情是不能讓步的。利益可以讓，但信仰價值是不能讓步的。

就在二〇一三年，捷運信義線開通了，每天都有大批遊客湧入。在捷運開通的前十年，部分店家始終沒賺錢，但是現在捷運開通了，生意見到曙光了，我的心情反而有些矛盾。尤其看到很多店門口都排滿了人，我心裡也有點擔憂，畢竟這裡不是西門町，一排隊就會讓交通打結了。還有噪音的問題，深怕會影響到社區居民。於是，我一方面替店家高興，一方面卻也擔心居民的反彈，這又是另一堂互讓、磨合的課程。

讓利是一輩子的課題，在讓與不讓之間都是學問。而把握了讓與不讓的原則之後，人生大部分的困境，不管是關於金錢物質，還是人際關係，都能夠迎刃而解、無往不利了。

第三章

那些學校不會告訴我們的事

第一章

不管好運歹運，抓住機會就能轉運

從賣鳥小販，成為「天下第一里」永康商圈的和事佬，
李慶隆拒絕被命運操控，走出了自己成功、也跟衆人一起分享的精采人生。

異中求同，從共同利益著手——從永康「夜市」談起

民國六十三年，我落腳永康商圈一開始是爲了賣房子，選擇這裡有幾個原因，以前金華街、永康街一帶的地號是「龍安坡段」，顧名思義，這是一個微微隆起的坡地，在早年台北市還會淹水的年代，一個不易淹水的地方，房價相對較爲穩定。

第二個原因是，這裡從日據時代開始，就是公務員、大學教職員的宿舍，從青田街一帶大批的日式宿舍就可以得知，在日據時期這裡是高級公務員的宅邸；國民政府遷台後，這裡入住的是附近台大、師大的教職員，有些土地所有人還是台大或師大校方。這意味著這一帶學風興盛，學區也

好，住民素質高，整個大環境是有利於房地產發展的。

很多人說一踏進永康商圈就聞到鈔票的味道，這是不難理解的事。不過，進入這裡的「小環境」，其實具挑戰性的地方不少。很多人提到永康商圈只記得它風光的一面，像是：民國九十八年獲選全國人氣商圈第一名，遊客量前三名。然而在民國一百年，師大夜市因為店家油煙問題與居民關係緊張時，很多人問：為什麼永康商圈沒有這樣的問題？

其實，永康商圈跟師大夜市一樣，都是一個住商混合的區塊。早年都市計畫不夠完善，巷弄不寬，那個辛苦的年代，大家不只在一樓店面開店，只要一有空地，就有攤販賣吃食。這是一種很「東南亞」特色的地方經濟發展。屬於亞熱帶的台灣，因為天候較熱，很早就有在「亭仔腳」擺攤做生意的模式。入夜之後，溫度稍降，人們喜歡出門逛逛市集、吃點東西、買點小玩意，這就是夜市了。

永康街早年也是如此，當時這裡還沒被叫做「商圈」，只是台北市衆多夜市之一。夜市本身不是問題，但身處於住宅區的夜市就會成爲麻煩的問題了。早年台灣人民爲了賺錢，可以犧牲一點生活品質，但當經濟發展到一個地步，生活品質則成爲優先考量的事。

我們的命運很可能就跟師大夜市一模一樣，不同的是，我們在民國八十八年就意識到這個問題的存在。我在民國八十九年創辦「永福生活圈社區發展協會」，那幾年當房仲的經驗，讓我自然而然成爲這一帶的「雞婆」「公親」，鄰居有糾紛、問題都會找我商量。當時我發現，找我協調糾紛的案子中，商家與居民因環境、噪音爭執的問題個案漸多，於是創辦了這個發展協會。

這個協會不帶有商業色彩，是做爲居民跟商家溝通、協調的平台。我們這裡是住商混合，需要有一個窗口，讓雙方對話。比方說，有油煙、噪音、髒亂、吵雜的問題，有了這個機制，樓上的居民對樓下的商家有意見，可以透過協會來溝通。

早年的永康夜市跟大多數的夜市一樣，到了晚上有很多路邊攤，有路邊攤就會比較雜亂，我們就開始思考這個問題。我們跟師大夜市一樣住商混合，既然是夜市，就會做到半夜兩、三點，喝酒、玩樂，大家一逛就很晚。

這就麻煩了，各種糾紛隨之而來，於是在民國九十三年，我另外又創立「台北市永康國際商圈協進會」，開始把這裡定位成「國際性的商圈」，不只針對台灣本地的遊客，也將目標鎖定在國際觀光客。直到目前爲止，永康街的遊客有四成以上是國外觀光客，從歐美到日本、香港、大陸客都有。

從那個時候開始，我們企圖轉型，而這個「協進會」則是以商業為主，輔導各個商家做生意。為了洗刷夜市的髒亂印象，我們這一路上做了許多轉變和努力，現在永康商圈有百分之八十的店，在晚上九點半就休息。這是自然形成的，並不是我們強制規定。可以早休息，跟店家的經營方式有關。店家賣的產品品質拉高，利潤也就提高，不再只用薄利多銷的方式去衝量，也就是說不再以「血汗工廠」的方式二十四小時經營，以搶客人為第一要務。再者，我們的商店賣的像是拉麵、牛肉麵、小籠包，這些餐館的營業時間都集中在用餐時間，不像夜市是營業到深夜。

當然，油煙還是一個問題。不過，現在科技發達，沒有解決不了的問題，只是肯不肯花錢而已。其實，如果你到信義區走一圈，很多高級的住宅大廈，樓下卻是知名的鐵板燒，然而，你經過這些名店卻聞不到任何油煙異味，而樓上的住家也都很歡迎跟這些名店比鄰而居。這些鐵板燒店都買了昂貴的機器設備解決油煙問題，現在利用科技的靜電吸附技術都可以解決大部分的油煙味道，只是這些設備價格都不低，我們商圈很多商家都買了上百萬的設備來改善問題。

要花這麼多錢，一開始商家當然心不甘、情不願，這些觀念都要慢慢推廣。我常跟店家老闆說：「如果能把髒亂、品質控制好，鄰居的抱怨自然就會少了，這筆錢是省不得的。」你今天省了這筆錢，但鄰居三天兩頭找你麻煩，你要上政府部門去調解，不僅影響你做生意，心情也會不好。和氣生財嘛，一旦鄰居不合，你錢也難賺了。

我很驕傲的是，永康商圈的店家都很成熟，買設備的觀念也慢慢廣爲店家接受。値得一提的是，我們這裡的社區意識很強，社區意識是一把可載舟亦可覆舟的雙面刃，像師大夜市事件裡，地區居民的社區意識是和店家相互對抗的，社區居民一邊，店家的利益又是一邊，兩者相互衝突。我盡量避免讓兩者對立，相反的，我們要適時讓社區的利益跟店家利益兩者共享、共榮。

民國九十四年六月，我們全台灣第一次「公投」就在永康街公園舉行。當時永康公園旁邊有十二米的道路要拓寬，要從南邊穿過到北邊，從金華街二四三巷，要貫穿永康公園，直接穿到信義路二段。但要拓寬這十二米路的話，永康公園總共有六十九棵老樹需要移植，這六十九棵百年老樹，從日據時代就有了。

當年，一位社區裡的二十一歲台大女學生爲保護老樹到處奔走，促成公投，投票地點就在永康公園，結果百分之八十的居民贊成保護老樹而放棄十二米道路，台北市政府接受公投結果，本來要拓寬的路保留做爲公園了。

這場由社區里長跟女學生發動的公投，引發大家對社區的凝聚力，從此對社區的事務都很關心。而商家不只做生意，他們同時也參與社區事務，成爲社區生活的一部分。他們不只是來賺錢，同時也是社區裡的一員。

前幾年就有個很感人的例子。一個兒女都在外地工作的獨居老人，住在商圈裡的老公寓裡。老人很喜歡吃公寓樓下餐廳的菜，可是行動不便很難下樓，而且這種合菜餐廳也不適合一個人用餐。餐廳的老闆知道之後，每天固定做一人份的便當，專人親送到老人家裡。雖然只是舉手之勞，但這個舉動讓人覺得很溫暖，社區充滿人情味。

還有某個住在永康社區很久的老人家，在臨終前，兒女們問他有什麼願望？他說，想再吃一次呂桑食堂的宜蘭小吃，兒女於是幫他張羅了這最後的一餐。台灣現在很流行吃美食，但在我們商圈裡，店家的美食除了好吃之外，他們同時也都融入了社區，成爲居民們生活和記憶的一部分。當社區意識強大時，店家也被包容在社區裡，大家會將店家的利益考量在內，彼此就會有對話、協調的可能。

在這裡，做事、協調都很不容易，都要很小心。像在民國九十五年時，公園裡面有一棵樹長蟲，有一點傾斜，公園由大安區公所管理，所以里長向公所反應，擔心樹倒下來壓到人，看是不是要砍掉？公所決定把樹砍掉，因爲這棵樹不是老樹，並不列爲保護。

結果砍了之後，不得了，很多人抗議、檢舉，事情還鬧到監察院，立法院也派人來勘察，好幾個單位都來了解原因。雖然，最後砍樹的決定仍不違法，沒有任何人受到行政處罰，但由這一件小事就可以知道，要在永康商圈立足，做事首重協調，小到一棵樹都會引來很多麻煩。

仔細想一下，我們社區裡住了不少政務官、閣員、明星、總裁、CEO，日據時代就被稱作「天下第一里」。商圈有兩個里，一個是永康里，一個是福住里，加起來大概一萬五千人，這一萬五千人裡有許多博碩士、高知識分子。所以我常開玩笑說，如果能在這裡當十年的理事長、能擺平這些大小事，到全台灣社區當理事長都沒問題。

要在這樣高度商業發展，又高度住民自主意識的地方立足，說穿了就是得「異中求同」。其實大家都同住在一個地方，利益是共同的，**我們要把眼光多著重在彼此共同的利益，在共同的利益裡，你讓一點，我讓一點，彼此就能和平共處**，讓大家都能彼此共享社區裡的利益。

做大自己的格局——永康商圈走向國際化的道路

現在的永康商圈是國際性商圈，但在十五年前它也只是一隻「小土雞」，是一步一步慢慢改變的。而這條邁向國際化的道路，我認爲有三個關鍵：提升產品的國際化品質、營造國際化形象、提供國際化服務。

我時常建議店家老闆要多到國外看看，研發具有競爭力的產品，除此之外，也許能從參加各項比賽開始擴大格局。像是「大來小館」的滷肉飯，就是一個很好的例子。

某一年，台北市商業處舉辦了滷肉飯比賽，邀請了來自十個國家的國際評審。我帶「大來小館」去參加比賽，競爭很激烈，有些知名的滷肉飯商家花了至少七位數的成本，而「大來小館」從頭到尾只花不到一千元。比賽前一天，我只告訴老闆夫妻一句話：記得把豬肉上的豬毛拔乾淨。

比賽當天，「大來小館」不負衆望的拿到了總冠軍。而其他花了大錢的知名店家的滷肉飯，卻因爲豬皮上留有豬毛而出局了。很多決戰的關鍵，不在於投資多少錢，而在於有沒有心。發展國際化商品也是如此，不是砸大錢就一定能成功，最終還是要看主事者有沒有心做得面面俱到。我很早就發現這家店的老闆娘很有心在經營，時常推出創意的菜色，除了追求口味上的變化之外，也顧及顧客的健康，口味不重、不油膩。

除了創新商品之外，商圈的國際形象也得來不易。十年前捷運開挖的時候，交通不便，百分之六十的店家都是賠錢的。平常已經很慘了，一下雨人潮更少，只有小貓兩三隻。在這十年之間，我連續六年對外募款，在永康公園舉辦公益活動，每年定期辦一次大型嘉年華會，摸彩券一印就是六千張。我們提供的獎品包括二十輛捷安特腳踏車的普獎，還有iPhone、HTC、iPad這些當紅的手機、平板電腦等3C產品。

這樣做，是希望消費者不要因為交通黑暗期就忘記永康商圈，我們一定要不斷曝光、凸顯商圈特色。每次一辦活動，永康公園就大爆滿。我們平常就會陸續辦健康類活動，重大節日也都有活動，一個月平均一次，一整年就有十二次。也曾辦過繪畫比賽、包粽子比賽，以及店家美食比賽……等等，也辦過給獨居長者免費享用牛肉麵食的活動。從母親節、父親節到端午節，從年頭到年尾都活動不間斷。

從民國九十六年開始延燒的「美牛事件」，讓大家對美國牛肉產生了戒心。事實上，我們商圈大部分的店家都使用成本較高的台灣溫體牛或澳洲牛。民國九十七年二月，我們曾請了該年牛肉麵節冠軍的「川味老張牛肉麵」，以及「佳客多牛肉麵」和「中壢牛家莊」，還有「永康刀削牛肉麵」，請這些店家大老闆在公園現煮牛肉麵，招待五百五十五位獨居老人吃麵，做了一次成功的公益行銷。

大家忙著做生意，但是一有活動，店家還是很樂意配合。這十五年來，我身邊至少有一百位志工夥伴在幫我。雖然他們的生活也很忙碌，但只要我登高一呼，他們都很樂意挺身而出。永康國際商圈能有一點點的成就，都是靠大家牽成的。我常告訴我的夥伴們一種觀念：「賺了錢要回饋社會，大人做的事小孩都看在眼裡，等你年紀大了，小孩也會同樣對待你。」我們也就靠著這些定期的活動，一起走過近十年的交通黑暗期，訣竅就是不斷創造商圈的曝光機會，吸引本地及國外觀光客上門來。

要成爲一個國際化的商圈，還要以長遠的眼光進行整體的規畫。民以食爲天，雖然說餐飲仍是消費者來永康商圈最主要的目的，但是一個商圈不能只以此而滿足。我認爲，應該還要加入其他複合機能，讓目的不同的人都能到商圈來消費。比如在永康街旁邊的金華街二四三巷，這一條巷子原本規畫是要從金華街通到信義路二段，路幅比較寬敞，寬達十二米，應該可以好好運用，事實上當地也有幾間庭園咖啡經營了很多年，生意也很好。

商圈規畫這種計畫不能全靠台北市政府，也需要當地商家的共識和凝聚力。永康街的另一側是麗水街，這條街道也寬達十一米，扣掉路邊的金華國小、淡江大學城區部，其實街上的店家並不多，是一個密度較稀疏的街區。這十幾年來進駐的店家，大多都是藝文類型的。我認爲，未來可以好好加強經營這個部分，讓更多具有文化氣息、文創精神的小店能夠入駐這個區塊，不僅可以疏散以永康街爲中心的人潮，也同時將不同的客群引入這個商圈，發展更具厚度的社區文化。

這樣的思考背後的動機，也是覺得永康商圈不應只是盲目追求「量」，也該更具前瞻眼光，追求「質」的提升。畢竟這裡並不是純粹的商業區，是住商混合，並無法容納過多的遊客。所以我們一方面要在質跟量之間取得平衡，另一方面，我們也要將商圈的區塊做更完整的規畫，進一步擴大版圖。

根據台北市商業處的規定，在二〇一三年七月二十四日之前，只要符合要求、不構成噪音、營業時間不過長，遵守自律公約，六米巷內的舊有店家都能繼續營業。從前想在六米巷內開店，隨時申請就可以營業，但是現在舊店家雖然可以繼續存在，卻禁止新店家申請了，等於是在控管店家數量。

另外，在服務國際化方面，我也要求店家的服務生至少要擁有兩種語言能力：英文和日文。世界各國的觀光競爭力評比分數，新加坡目前是第一名，台灣的觀光競爭力則排三十三名，我們必須更加把勁才能迎頭趕上。

永康商圈本身具有足夠的條件，可以成為國際魅力商圈。以區段的腹地來看，信義路二段南北邊都是精華區，住民消費力都很強。捷運開通後交通也非常便利，一出捷運站出口就跟永康商圈相連。只要擬定正確的步驟，擁有正確的觀念，將一個先天條件就優秀的商圈推往國際，絕對不是難事。

建立自信，受用一生

雖然我的父親是學校的英文老師，但我要坦白說，其實我從小功課就很一般，並不出色。在民國五十年間的台灣，識字率低、學歷普遍不高，因而有很多低學歷者白手起家的故事，像是大家最愛說的王永慶先生的故事。然而，時代不一樣了，低學歷者成功創業的故事變得愈來愈罕見了。

早年學歷的確不重要，而今日的社會則剛好相反，又過度追求學歷。而台灣年輕人追求學歷，有很大一部分人是爲了逃避社會就業的壓力，因而有人批評這是一個病態、扭曲的現象。

我想用另一個角度來談這樣的事。在十九世紀到二十世紀初期，社會對個人的成長過程，只分爲小孩和成人兩個階段，一方面是當時人類的壽命較短，生命週期較快，所以我們上一輩的長輩常常十六、七歲就結婚，而一旦結婚就算成人了，要替自己、家庭負責。

另一方面，那個時代的社會較爲單純，個人要在社會生存，只要受過一點教育，學過一點數學、簡單的文字運用，就一輩子夠用了。小孩到成人之間，完全不需要過渡期，好像所有的孩子都能一夕之間長大。

進入二十世紀末之後，到了現在二十一世紀，想想看我們使用的電腦在這十年之間變化有多大？從厚重的桌機，進化成平板電腦和智慧型手機。以前我們公司要找一個秘書，只要會簡單的文書處理即可，現在要求可多了，要會使用電腦做簡報、用軟體做報表……這意味著社會的分工愈來愈複雜，發展出各種專業技能，我們需要更長的教育來讓我們在進入社會前學會更多技能。

從二十世紀中期之後，心理學家提出了一個看法：將個人的成長過程分化出「青少年」這個階段，做爲兒童到成人之間的過渡。然而，社會日益複雜，人類的平均壽命又更長了，青少年似乎不足以做爲過渡期，所以現在愈來愈多年輕人到了快三十歲才初入社會，有些甚至過了三十歲才找到第一份工作。

這是社會演進的趨勢，但我反對爲了閃躲就業壓力而躲進校園，這是不願正面面對自己的人生、一種不負責任的態度。此外，學習的管道很多，雖然個人需要的教育時間拉長了，但現在也不像三、四十年前只有在校園裡才能學到東西。比如社區大學、各院校的在職專班、各種專業的講座和演講，甚至市面上有各種自修的套書，都是我們可以自我學習的資源。

個人的學習是終身的，沒有停止的一天。和三、四十年前相比，人類的平均壽命更長了，但面對的是更複雜的社會情勢，生命的歷程不能像過去那樣，單純的將校園和工作生涯清楚切割。年輕人可以及早進入社會，再一邊進修，理論與實務可以相互印證，讓學習的效果加倍。

知名的華裔物理學家葉恭平在物理學上有極高的成就，但他博士班畢業後，還去學了日語、義大利語和法語，我覺得這種精神很了不起，時時刻刻補充自己的不足。即便這些技能可能不是馬上用得到，但人的心態很重要，**隨時處在一個渴望知識、追求知識的狀態，日子自然充滿生氣**。

會有這些看法，其實是我滿後悔當年沒有好好念書。我常自我解嘲，我這個人不占人便宜，連考試這件事也是，全班五十個，我剛好二十五名，不好也不壞。對我來說，像我這種功課不出色的人，不見得在校園就一無所獲。人生處處都有可學習的材料，即便在校園，學習到的並不只有書本上的知識，其實還有人格的養成。這種人格養成比書本上的三角函數，影響個人日後的生活更加深遠。

我學業成績不好，但所幸我在校園裡學到了另一項技能：自信。

念小學的時候，我書念得不好，在學校靜不下來，得不到成就感，我就到處打架。當時，我簡直就像亞歷山大大帝征服世界一樣，從甲班開始找人打，一路打到最後一班己班。我還有一個小團隊，我是領頭老大。一下課或到午休時間，我就帶著他們四處找人單挑、打群架。從小學一年級打到三年級，我常常回家看到同學的媽媽來跟我媽告狀：「妳看，妳家的寶貝兒子，把我兒子打得滿頭包，妳要怎麼處理?!」

我就看到我媽不斷跟人賠不是，她對我這樣的行爲也非常沮喪、無助，於是暗自決定要到學校走一趟，看看是怎麼回事。

不過，我有個姊姊患有小兒痲痺，當年沒有社會福利資源可以支援，於是我媽去買菜，就用背巾把姊姊背在背上。媽媽一手提著菜籃，背上還背著姊姊，去菜市場之前先繞到學校，偷偷看我的上學狀況。

她一看，整個傻眼：我全身的衣服弄得髒兮兮，滿身大汗，四處找人打架。我媽心想這不是辦法，於是她想了一個點子，自己去買獎品，跑去學校跟老師說：「你能不能想辦法頒個獎給我兒子？」

老師拿成績單攤在我媽面前，跟我媽說：「一個班有五十個學生，妳兒子二十五名，我要頒什麼獎給他？妳兒子很離譜，天天打架，我是要頒打架英雄榜嗎？」我媽並不放棄，三天兩頭到學校找老師，透過一而再、再而三的請託，老師終於被說動了。老師被求到煩了，有點沒好氣的跟我媽開玩笑說：「我不會當老師，乾脆妳來當老師好了。」

我媽提了一個意見：「老師，你看這樣好不好？能不能選我的兒子當班長，當了班長，他就有榮譽感和責任感，不會作怪了。」老師有點遲疑：「可是，當班長也要同學們同意，如果只是靠老師指派，同學們恐怕不服氣，效果也不好。」老師只答應提名我選班長，剩下就看我的造化如何了。

我媽是一個不輕易放棄的人，她每天去菜市場之前都先繞來學校，做什麼呢？就是來「買票」。她自己做甜甜圈、包子和饅頭，看到我們班的同學，就一個人送一個，要他們下次選班長一定要選李慶隆。媽媽每天送完點心，還順便拜訪老師，討論如何改善我的行爲。有媽媽來校監看，我的行爲有稍微收斂，但仍是四處惹事打架。

直到四年級，我當上班長之後，就一路當到畢業。從當選的那一刻起，小孩子自然而然對自己有一種期許，因爲意識到自己在班上的位子不一樣了，要以身作則。這個位子賦予個人不一樣的行爲標準和期待。我覺得這樣的做法很聰明，每個人若是在社會裡找不到自己的位子和角色，就沒辦法對自己有所期許。一個對自己都不存希望的人，當然就是爲非作歹，或變成行屍走肉了。

當上班長之後，我再也不打架了，甚至還會主動幫老師的忙，分派同學工作，維護教室的環境。對一個課業不好、家境背景也沒有値得驕傲之處的小孩子來說，生活充滿了挫敗，這樣的生命其實很需要有外人的肯定。有了外人的肯定，生命才有了重量，才會有前進的動力。

老師常常在班級內部舉辦比賽，因爲跟其他班比可能不見得比得過，但跟內部自己人比，班上的同學多少都會有被激勵的機會。因爲當班長了，我也得到了不少被獎勵的機會，像是整潔比賽、秩序比賽之類的。不過，一直到了我長大之後，我才知道我媽買了很多獎品給老師，由老師頒獎給我。老師頒給我的獎品，十件有九件是媽媽轉送的。原來，老師只是在找各種名目送獎給我，而這一切都是母親的苦心。

回想起來，八歲到十一歲的我行為不良，多虧媽媽把我糾正過來。從十一歲到十五歲，媽媽給我的禮物是「建立信心」。她不斷的用不同方式告訴我：「李慶隆，你表現很好，你有足夠的能力達成目標，你不要灰心，不要沒信心。」這是媽媽聯合學校讓我學習到一生受用的人格特質。

所以，如果你也是一個像我一樣成績不好的學生，千萬不要自暴自棄，世界還很大，你還是可以在校園裡學到一些意想不到的事。

就如前面所說的，現在的年輕人和我們當年相比，日子的確是比較辛苦，社會分工複雜，需要更專精的專業。然而大環境又不好，這十幾年來，台灣的經濟一直倒退，不要說年輕人了，就連一般中生代也都處在薪資停滯、職缺冷凍的狀態，連帶也影響了年輕人的就業機會，要找到立足點並不容易。

也正因爲社會生存困難，很多年輕人索性就退縮到家庭裡。這其實也不全是他們的錯，父母多少還是要負一些責任。像我們這一代的父母百分之八十都是苦過來的，又因爲現代少子化，會希望小孩不要像我們這樣受苦，於是縱容小孩，所以才有草莓族、靠爸族。這是時代給年輕人的考驗，最終還是要他們去面對。依賴父母的過度保護就跟躲到校園念書、延畢一樣，只是一種不負責任的迴避態度。

時代考驗青年，但同時也給年輕人機會，像是電腦和網路技術。我們常常聽到這樣的故事：鄉下阿嬤種的柚子滯銷，結果孫女把消息 po 上網，幾天之內就把幾百斤的柚子全賣光了。網路的虛擬世界，是屬於年輕人的機會。不過，電腦只是一個工具、管道，最終還是要回到與眞人的互動。

像很多農村的「農二代」從城市回到故鄉，並不是把自己關在網路世界而已，這些農二代深入了解第一代做的產品，然後加入了新的創意和更新，像是產品的包裝，再透過網路行銷。這是很好的二代合作方式，我對這一代的年輕人還是很有信心，年輕人可以創造時代！

自己決定人生的可能性，才是真「自由」

——十七歲的賣鳥小販

我每天早上習慣到公園運動，除了遛狗的人之外，我總會特別留意在公園裡四處飛翔的鳥。我是鄉下長大的孩子，對這些野生動物有著特別的親切感。即便住在都市裡這麼多年了，我覺得內心還是有一部分嚮往田野自由的環境。

對於鳥，我有一種特別的感情，因爲我十七歲時第一份工作就是賣鳥。因爲賣鳥，我對人生的「自由」有特別的感觸。

我們這一代的父母因爲曾經苦過，所以會特別爲下一代著想，希望他們不要重複走我們的路，怕他們受苦而從小呵護，由菲傭、保母照顧得無微不至。等到一路念完了大學，畢業後工作不好找，就寧願把小孩留在家裡，像是把小孩當做金絲雀在養。孩子們看似豐衣足食，卻失去了「自由」。我們對自由的定義很狹窄，好像我每天「要去哪裡？要吃什麼？」都能自己決定，這個就叫自由。但自由，其實有更高一個層次的意義。

年輕人過慣了這種茶來伸手、飯來張口的日子，久了便躲在家人編織出來的「舒適圈」，失去到外頭闖蕩的雄心壯志，人生也失去了各種可能性。我覺得這就是某種程度的不自由人生，因爲你無法開創自己人生的可能性。

說起來，我的人生沒有太多的自由選擇，因爲家境不好，我只能想盡辦法改善家庭經濟條件。我的父親是教員，民國五十年間教員的月薪只有八百元。我有四個兄弟姊妹，還有一個年事已高的阿嬤，這八百元要養活全家七口。不要說月底，差不多到月中，錢就快用光了，阿爸和阿母就開始爲錢吵架，大人一吵，我們小孩就等著受氣。

在這種環境下成長，沒有家庭的羽翼保護，我們都被逼著快速成長。我從小就立志要出人頭地，解決家裡的困境。但我當時只有十七歲，能做什麼呢？只能利用暑假打工，曾經到塑膠鞋工廠黏鞋底，負責將強力膠塗抹在鞋上，但濃烈的強力膠味道，讓我做一天就頭昏得天旋地轉。做了三天，我便辭職了。

出身卑微，不見得就要無止境的忍受。台灣以前有「童養媳」的習俗，這些童養媳大多出身貧苦，像我的鄰居阿娥從小被賣到男方家裡，阿娥一味忍受男方家裡的要求，包括最低賤的打掃工作、最沒人要做的養豬工作，全都是她一人包辦。最後阿娥長大了，位階仍是低人一等，大家一樣看不起她，直到她過世，整個男方家族對她從來沒有一絲尊重。

阿娥的故事說明了一件事：**處於不良的環境裡，你能做的絕不只是忍受而已**。就像到那個黏鞋底工廠工作，如果我繼續忍受膠味，最後遲早會弄壞身體。而且黏一雙才一毛，我黏一個月是能賺多少錢？我們隨時要評估周遭的條件，苗頭不對趕快走，撐在那裡沒好處。

工廠待不到三天，於是我心裡盤算：還有什麼賺錢的方法？我並沒有因此就躲回家裡，繼續忍受爸媽爲了沒錢而吵架。

最後，我在報紙分類廣告上看到貿易公司收購金絲雀的小啓事。當年台灣有大批金絲雀銷往美國，美國一年跟台灣購買十萬隻金絲雀，很多人家裡院子就用牛奶罐和木箱釘成養殖箱，養著一籠一籠的金絲雀，長成之後再轉賣給貿易商，算是一筆額外收入。

我住在南投草屯，氣候溫和，十分適合養鳥。我靈機一動，想到一個獨門生意。

我在南投中興新村一帶收購家庭副業養的金絲雀，鳥商收購價一隻一百元，我是一百一十元，再用一隻一百二十元轉賣給貿易商，賺取其中的十元價差。我很努力，一個月可以收到四百隻鳥，算起來一個月就有四千元的收入了，比我父親的薪水還高，以經濟學來講是買空賣空、零庫存的概念。

這些事現在說起來好像很容易，其實裡面有各種學問。好比說，金絲雀的體質很嬌貴，若用大甲地區產的小米當飼料，顆粒飽滿但水分過多，金絲雀容易拉肚子，最後導致死亡。我四處打聽，知道霧社、埔里一帶原住民種植的小米十分適合養金絲雀。原住民多種的小米會全部賣給埔里山產店，我就去跟山產店談生意，我手上有各個養鳥戶地址，但我根本沒有現金可以買飼料，只好硬著頭皮說服老闆：「這些養鳥的家庭都是學校老師、校長，你把小米寄過去，我去替你收錢，下個禮拜再拿錢來。」老闆一開始半信半疑，但想到有地址，買方又是老師，聽起來應是妥當的生意，便答應我的要求。

其實對我來說，飼料也是運用買空賣空、零庫存的經營概念的生意，這個概念有點像現在網路的「支付寶」「paypal」這類的付款機制，我負責扮演的就是中間這個機制，幫養鳥人家訂貨，幫店家收錢，然後賺取其間的一點小價差。一包飼料兩百五十元，我跟養鳥人家收三百五十元，一包價差一百元。

提到飼料的這些事，我想說的其實是，很多年輕人因爲沒有經驗、沒有人脈，相對的資源也少，但不代表年輕人就不能有所作爲。你們有靈活的腦袋，遇到阻礙就想辦法解決。像我沒有人脈，就只是靠著一股傻勁去說服山產店老闆，我沒有資金可以周轉，所以才想出這個收款方式，甚至還藉此賺取其中的價差，一箭雙鵰。年輕人只要肯動腦，就一定能試出一個解決的門路。

爲什麼我要這麼辛苦去找這些鳥飼料？一方面，我認爲一旦要做，就要做到最好，即便是養鳥這種小事，我也願意花時間去研究，只要肯努力，多少都會有回報。另一方面，爲了跟養鳥戶收購鳥隻，確保穩定的貨源，我還組了一個「雷鳴養鳥協會」，負責提供養鳥戶各種技術和收購保證。事實上，我十七歲就當上「會長」，很多事知道得都很有限，我得靠比別人更靈活的頭腦，更認眞打探各種養鳥技術，才能確保這些「會員」能養出量大而健康的鳥。他們賺錢，我也才能賺錢，利益同在一艘船上。

我每個寒暑假都做這些買賣，跟中興新村一家雜貨店租了一個小庭院，將從彰化員林、南投草屯收來的鳥放在院子裡。我每次都提著裝滿金絲雀的木箱搭公路局，從中興新村到台中，再從台中搭火車到新竹和桃園交貨。

搭車的這段時間，我也沒閒著。金絲雀身上如果有黑色、綠色的雜毛，價格會不好，所以我在車上把握時間把雜毛一根一根拔掉。這是一個很花眼力的工作，加上公車搖晃，我下車時頭也昏了、眼也花了，還沾了一整身的細毛屑，那個模樣想必是十分狼狽。但爲了改善家裡的經濟，這點狼狽不算什麼。

有一次，我照例在公車上拔毛，拔得頭昏眼花之際，抬頭望了一下車窗外。中興新村往台中的這段路，在四十多年前全是稻田。那是稻子結穗的季節，一片金黃十分耀眼，公車駛過，一群一群在田間覓食的麻雀振翅飛起。看著窗外自在的麻雀，再看看我手中正被拔毛的金絲雀，我突然有個領悟：「我李慶隆寧願做麻雀，也不當金絲雀。」

金絲雀表面看似很好命，有人供養，有人照料，這不是很好嗎？不，這一點也不好。我們常會祈求上蒼賜予我們好日子，給我們一個「好命」，但什麼是「好命」？像金絲雀吃著我們千辛萬苦從山上送來的小米，天氣太冷還要點個燈泡，受到這種無微不至的照顧眞的就是好命嗎？

我們再看看窗外的麻雀，牠們吃的是田裡的小蟲、剛結穗的稻子，吃的也不是什麼高貴的飼料，不管天冷天熱，也沒聽過麻雀需要什麼特殊照料。此外，牠們還要面對野外的天敵，像是蛇和野貓的獵捕，但你每一年還是都會見到成群的麻雀，也沒有因此而絕種。麻雀這種凡事靠自己的命運，眞的就是所謂的「歹命」嗎？

在我看來，是恰恰剛好相反。**我認爲，受制於人的命才是「歹命」，而只要自己能掌控的命，就是好命了。**

你想想看，金絲雀只要沒人餵牠，牠沒辦法在野外主動覓食，只能活活的餓死。而被人豢養久了，甚至把鳥籠打開，金絲雀也不敢飛出去，這不是很悲哀嗎？世界何其大，但金絲雀卻因爲害怕，只敢待在一方鳥籠裡任憑擺布。

很多年輕朋友也像金絲雀一樣，長久被豢養在一個固定的環境下，各種能力被馴化了，甚至是退化了，喪失自己做主的能力，失去想盡辦法讓自己活下來的念頭。

然而，想想看野外的麻雀，時時刻刻要面對天敵的威脅，所以養成了靈敏、快速的反應，艱困的環境反而培養出生存的能力。而在物競天擇的準則之下，麻雀就算在野外被天敵吃掉，在我看來仍然比困在鳥籠裡的金絲雀幸福。

人生的價值高低，可以從兩種方式來看：一種是結果論，成功或失敗是一翻兩瞪眼的事。但我們也可以從另一個方式來看，你對於自己的人生，是不是有主動的選擇？是否盡了努力去做？如果有的話，就算結果不盡人意，我認爲這樣的人生還是値得的。

回顧我的前半生，我沒有富裕的家庭，沒有很好的物質生活，如果我像金絲雀那樣，等著別人餵食、等著別人安排，我可能早就餓死了，也不會有今日的小小成就。從十七歲那年開始，我的人生就開始起了變化，我就像麻雀那樣，靠著自己的本領四處尋找存活下來的可能。

現在的年輕人應該要相信自己的能力，一再的退卻，很容易就像金絲雀那樣，習慣了被豢養，最終喪失了求生能力。外面的世界也許危險，但同時也精采萬分，失去了與外在世界的連結，就錯過了參與這個精采世界的機會。人生就只有一回，你們還年輕，要相信自己可以做自己的主人，可以選擇自己想要的人生。

而你們的人生，絕不僅僅是一個在家靠父母養的啃老族、尼特族而已。

命運不是天說了算——此生拒絕再吃菠蘿麵包！

有次我遇到一位越南外籍新移民，她嫁來台灣二十年了，開了一家小麵攤，做的越南河粉相當美味。多吃了幾回，跟她熟了，也會聊上幾句，我先入爲主的問她：「之前在越南的生活很辛苦吧？」她的反應讓我有些意外，她說：「辛苦是比較來的，在越南大家吃一樣的東西，穿差不多的衣服，日子都一樣，自然沒有什麼辛不辛苦。」人生的幸與不幸，都是比較而來，什麼是好命？什麼又是壞運呢？

吃完麵之後，我邊走邊回想：年輕的時候，我努力奮鬥，背後的原因就是認爲自己出身不好，極力想要脫離困境。爲什麼我會認爲日子過得辛苦呢？我試著去回溯，發現我從小就有一種「自尊心」，怕被人瞧不起，如果遭到一點點異樣眼光看待，我就會很難過。

會有這種強大的自尊心，要從我祖父說起，他十六歲就考上秀才，還在光復後當了第一任的草屯鎮鎮長。祖父有四個太太，我的祖母不是正房，是丫環出身的偏房，四個太太裡，她的地位最低。我一直印象深刻，每到清明掃墓時，所有親戚回到老家祖墓前，席開十數桌，而這是我見過最無情、最勢利的時刻。

每一房的親戚各自圍成一個又一個的小圈圈，大太太、二太太和三太太的兒孫總是分到最好的位子，他們因爲享有較好的經濟支援，出路大多不錯，律師、醫師、工程師、會計師……幾乎都是有錢人。而我爸爸和我們四個兄弟姊妹永遠是坐在最不起眼的角落，沒有人跟我們說話。而我唯一能做的，就是乖乖坐著，對著每個不理我們的親戚微笑，笑到臉都僵了，就算難得可以吃到好料，我都食不知味，也不敢大吃大喝，因爲窮，更怕自己顯露出窮酸的樣子。

每年到了清明前夕，我想到這個吃飯的場合就壓力十足。親戚看見我們避之唯恐不及，好像害怕我們開口跟他們借錢。這是我生命源頭的陰影，我沒辦法改變，只好用不同的態度去面對這樣的陰影。

雖然在這樣被瞧不起的環境下成長，我卻從來不自卑，也許是因爲我從小看到長輩很腳踏實地。在鄉下地方，付出多少努力就能換來多少回報，那個年代的誘惑也少，童年最常看到的畫面就是：農夫牽著一條牛，背著鋤頭，早上四、五點出門，晚上六點多才回來。這也默默影響了我的價值觀，認爲只要腳踏實地去做，一定能成功，命運是可以改變的。

我從十七歲開始做賣鳥生意，在這個時期，我很多同學放暑假去玩，參加救國團、戰鬥營、童子軍。我當然也很想去玩，每次看到同學出遊回來的相片，或是同學們在討論出遊時誰說了什麼笑話，我什麼話也插不了，心裡只有滿滿的羨慕。這讓我很早就體會到：我跟一般的小孩不一樣，我必須比別人更早長大，人生的路要走得比別人快。

面對這些誘惑，被排斥、被打擊，都被我轉成了動力。當一個人有目標、有動力，絕對不會想去玩。我當時的目標就是：我要認真的賺錢。我從小就知道鈔票很重要，要過有品質、有自尊心的生活，一定要有錢。在這種人生環境下，面對命運的多舛，我們到底能有什麼選擇？

人生其實是處處充滿機會的，我的第一個機會是來自我的大姊。

二十歲當完兵之後，我開始思索自己能做什麼工作。我家的兄弟姊妹都比別人早熟，很早就離家工作、養活自己。當時我經舅舅介紹到高雄路竹元寶沙拉油公司的養豬場工作，當時場內約有五萬頭大小豬仔，我負責值大夜班，手持長型手電筒，騎腳踏車巡豬舍，如有豬仔出現異狀就要記錄下來，隔天交給獸醫。每當下班時已滿身大汗，到洗手台洗臉的時候，看到鏡中的自己有如豬一樣，相似度百分之九十，上班滿一個月就離開了。而我的大姊患有小兒痲痺症，但也用她自己的方式自力更生。她長得很漂亮，先上來台北，在農安街旁邊的統一飯店當櫃台服務員。

台北的地產大亨許丕龍先生（名歌星許景淳的父親）常在飯店談生意，久了就跟櫃台的姊姊相熟了。幾次閒聊之後，我姊姊跟他說「我有一個弟弟剛退伍要找工作」，許董事長的公司剛好在徵人，他就給我姊姊一張名片，跟她說：「我是六家公司的董事長，叫妳弟弟下個月初一來報到。」

一想到可以在大公司工作，我就充滿期待，這是一個好機會，一定要好好把握住，於是興高采烈去報到了。我沒有社會經驗，因此在這家大型建設公司裡擔任的職務是「總務」，頭銜聽起來十分響亮。但是我待了幾天之後，才發現所謂的「總務」實際上就是工友。

我的工作之一，就是幫櫃台六位業務總機小姐倒茶，不只倒茶，還兼做各種雜役，她們索性就叫我「小李子」。我也聽得出來，她們給我取這個暱稱多少帶著一點貶意，把我當成一個下階的跑腿。甚至，以前沒有手機，也沒有e-mail，其中有一位小姐要寄情書給男友，她乾脆就叫我：「小李子，過來，這信拿去寄！」

除了寄情書，還有董事長的爸爸住在台中縣霧峰，常常會上台北看兒孫，而他的火車票也是靠我張羅。只要「老太爺」要上台北了，我就得在早上五點多，騎著五十CC的小機車到台北火車站排隊買票。有時冬天天氣冷，我也要硬著頭皮起床去買票。

雖然這份工作跟我期望的不一樣，但我並沒有因此自暴自棄，每天甘於做一個遭公司衆人皆可使喚的「小李子」。**這個「機會」不夠好，我就要替自己創造下一個「機會」**。

在公司裡，我除了打雜之外，也注意到公司最重要的部門是業務部，所以他們開會時，我就湊到旁邊聽，聽他們談公司業務內容，談地產行業的各種眉眉角角，藉機吸收各種專業知識。有時，我聽不懂他們在討論什麼，偶爾還會插嘴發問，但那些業務部的人總是一副高高在上的態度，認爲：「你一個小工友，插什麼嘴？跟你講，你也聽不懂啦。」這種被瞧不起的待遇，又激起我不服輸的精神。

我繼續旁聽他們開會的內容，同時也認爲，要充實自己的地產知識，就必須實際去走上一遭，到現場去了解狀況。我買了一張台北市地圖，每天早上五點起床，把大台北地區每一個區段，松山、信義、天母、士林、新店、大安、景美……全部都做了市場調查。我要以最快的速度，讓自己成爲房地產的一本「活字典」。

上班時間是八點，五點到八點我自己要做調查，這就是我成爲一本字典要做的功課，一天要做三個小時。我先用鉛筆把地區標記出來，再去訪談那些沒事坐在門口吹風看人的老年人，問他們這附近社區環境和鄰居如何？遇到買菜的媽媽，就問她們這附近實際上交易一坪多少錢？她們通常最清楚。我一條巷子、一條巷子的走，完全是實際問來的資料。

我通常晚上八點下班，每天最少工作十二個小時。回到家裡之後，也沒辦法休息，要把當天早上花三個小時做的市場調查整理成資料，像是區段、價格等細節。我年紀輕輕，絕不甘願一直當總務，當別人叫我小李子的時候，我心裡想：我一年之內一定要當你的主管，現在我幫你倒茶，以後你幫我倒茶。

那時候，我每天的早餐就是一塊菠蘿麵包，還有一瓶鋁箔包的鮮奶，我一手麵包、一手牛奶，邊走邊吃。像我這樣的鄉下小孩，剛到台北時見到菠蘿麵包，聞到撲鼻的奶油香，一次可以吃下好幾個。然而，再好吃的食物每天都吃也會食之無味，連吃了一整年更是吃怕了。

那幾年爲了努力充實自己的專業知識，也爲了省錢，我天天吃菠蘿麵包，吃到最後一聞到那股奶酥味，我的身體就直接產生想吐的反應。我當時默默跟自己許下願望，當我有天能擺脫窮困，有自己的房子和事業之後，我第一件要做的事就是：絕對不再吃菠蘿麵包。不，不只不要吃，甚至不准在我面前出現。

有一次業務部開會，那是爲了一個擺不平的建案銷售，我原本只是在一旁聽，聽大家都給不出任何好意見，我一邊幫大家倒茶，一邊就把我這陣子做的房地產調查結論跟大家分享一下，提出了一個解決方案。董事長和總經理當場聽了很驚訝：「這個小子，怎麼懂這麼多？」隔天，我就進了營業部門，不再是一個小工友了。

我上來台北的時候，房地產業就是我最優先的選擇，因爲這個工作不受限於年齡，二十歲能做、八十歲也可以，這是一份個人可以決定未來命運的工作，由自己決定一切。這也很符合我的性格，我不願再做一個被命運擺布的人，我要去決定命運。

當你自己買了一塊土地，要賣的時候開多少價格，我們自己可以決定。我剛上台北時只有一個想法：做房地產最重要的是地點。我去整個台北市做詳細的市調之後，決定要落腳在大安區的永康街。爲什麼要在大安區？因爲這裡的地質不錯。這裡原屬「龍安坡段」，後來又改成「十二甲段」，現在又改爲「金華段」。

最早的龍安坡段，看得出來就是一個山坡，地勢較高。早年台北市會淹水，買房最怕的就是淹水和地震。而這裡的地質較硬，房子蓋在上面比較安全，也不易下陷。

回顧人的一生，大致可以分成兩個重點：一個是機會，一個是命運。如果你沒有抓到機會、好好利用機會，最後就只能靠命運了。機會來了你要伸手去抓，沒抓到的話，日後的人生只能看命運的臉色，這很悲哀。**人生最慘的不是命不好，而是你錯過所有的機會，只能看命運的臉色度日。**

第二章

讓利換來助力——享受生命中的峰迴路轉

李慶隆遇過形形色色的人，有的對他不屑一顧，有的則是出言侮辱，但是他秉持著一顆為人著想的心，和耐心與意志力磨出來的專業，加上他不以利字掛心頭，人際關係自然無往不利。

找到支撐自己前進的主要動力

人生的旅途中，都會有一個支撐自己前進的主要動力。這些支撐我們前進的動力，有時候就只是一個小小的事情。像美國知名主持人歐普拉，十歲時在電視上看到戴安娜．蘿絲的表演，便立志未來要像她一樣出現在電視節目。雖然她後來發現，自己無論如何努力減肥，也不可能有戴安娜．蘿絲那樣修長的身材，但無論如何，這是歐普拉前進的動力，她日後沒有成為戴安娜．蘿絲，卻成了演藝圈另一種的典範人物。

我曾讀過一則香港餐廳老闆的故事，老闆是在一九五〇年代文化大革命後逃難到香港，過了新界，他一無所有，身上只有離家時媽媽給的兩塊錢。他到了這個「自由」之地後，肚子極餓，用身上僅有的兩塊錢在路邊連吃了兩碗湯麵。他在中國從來沒吃飽過，一時之間的口腹滿足令他感動得想掉淚。他一輩子都沒辦法忘記那一餐，立志也要用食物讓普天下像他這樣不幸的人，也有機會嚐到世間溫暖的時刻。於是，他努力存錢，在香港開了一家餐廳。每天進了廚房，他時時刻刻想到的都是逃難後的那第一餐。

對我來說，支撐我不斷前進的，就是我的母親。有幾個場景，我是一輩子也無法忘記的。

由於家境不好，我父親又是個大男人，每到月中就會怪媽媽沒控制好家庭預算，兩人常爲了錢吵架。小學六年級的某天，我回到家時，看到媽媽做了滿滿一桌、三十幾碗的碗粿。這是老一輩人的生活智慧，因爲窮，通常到了月中家裡就沒米了。我們最常吃的就是地瓜稀飯，而且通常是地瓜多、白飯少，我們小孩就拚了命想在一鍋「米水」裡撈點東西塡飽肚子。

因爲總是吃不飽，媽媽就想出辦法，把米混了澱粉做成碗粿，一方面可以讓口味多些變化，小孩不會吃膩，一方面，這也是一個「省米」的方法。然而，爸爸不進廚房，對吃食沒有概念，只想到家裡都常吃不飽了，爲何還做這麼多碗粿浪費米糧？他認爲母親持家方式有問題，劈頭大罵，然後把三十幾碗的碗粿當著我們的面全掃落到地上。

我看著媽媽，一邊撿拾破碎的碗，手刮破流血，一邊掉淚。我心裡想：爲何貧窮這麼痛苦？我以後一定不要再讓媽媽因爲貧窮受到任何委屈。

媽媽蹲在地上撿拾碎碗的委屈身影，一直烙印在我的心裡，就成爲我前進的動力。

另一個場景，是我終於到台北工作之後，有一天，媽媽來台北看我。事業才剛開始，一個人過日子什麼都從簡，我腦子想的只有怎樣賺錢。那天，媽媽問我日子過得怎樣？我回說：「還過得去啦。」這也是實話，什麼苦我沒吃過，再惡劣的生活我都過得下去。

只是邊說話的時候，我的手卻下意識不斷去抓背，媽媽問：「你是身體不舒服嗎？我看你一直抓不停。」她往我背後一探頭，先發現脖子處有些紅腫，再把領子往下拉，看見我的肩背全是痱子，不僅紅腫，已經多處被手指抓破皮，滲著些微血水。

人體的承受度很高，我的皮膚紅腫好一陣子，我已經下意識的與這些不舒服共處了。畢竟這是我自己要求來的。公司的辦公室有一張很大的會議桌，平常下班後公司沒人，我靈機一動，何不乾脆就住在公司？就把那張大桌子當床，還可省房租。於是我就跟老闆商量，老闆想到有員工以公司爲家，當作有人看顧，也不是什麼壞事，就答應了我的請求。

公司沒有衛浴設備，我就在公共廁所裡面洗冷水澡。但公共廁所偶爾有加班的人會過來使用，爲了怕被人看到，每次洗澡都得偷偷摸摸，還得先要觀察附近是否有人出沒，然後就像在部隊洗戰鬥澡一樣，隨便沖一沖就趕快結束。

洗澡隨便湊合也就算了，有件事卻是沒辦法克服的，就是那張權充床的木頭會議桌。桌子的表面刷了亮光漆，所以不像一般的木頭會吸水。一到夏天，我睡在會議桌上背部會流汗，於是一整片長滿痱子，又紅腫又癢。

當媽媽把我的衣服往上一拉，看到整片滲著血水的背，她的眼淚馬上掉下來，淚水就滴在紅腫的痱子上。媽媽流淚，我也跟著哭了。我難過自己沒好好照顧身體，讓她擔心；也難過自己還沒賺到錢，改善她的生活。

之後，我改找了一個便宜的租屋處，不再讓媽媽這樣擔心。母親一向教導我們正派做人，對我影響很大，所以像我們這種做業務的，經常必須涉足的風月場所，我也都能避則避。早年，我在公司的業務成績都是第一名，老闆一時高興，就會請大家去林森北路一帶的酒店慶功，當時稱酒店爲「沙龍」。

我那時候不知道什麼是沙龍，傻傻跟著去了。一進去第一眼，就看到公司裡每個幹部旁邊，都坐了穿高叉旗袍的女人，她們都長得非常漂亮。董事長一見到我，就說：「李經理，你業績最好，來，我一次幫你叫兩個小姐。」

兩個小姐就過來坐在我旁邊。雖然我沒有做什麼逾矩的事，但是在那樣的環境裡感到很不自在。我不抽菸，也不會喝酒，重點是我從小就有潔癖，坐我旁邊的小姐用她喝過酒的杯子，重新又倒了酒，送上來要給我喝。「這也太不衛生了吧？」當我這樣說的時候，衆人紛紛笑我不解風情。加上滿室煙霧瀰漫，才十分鐘，我的頭就開始暈了，於是藉口說臨時有客人要找我，馬上開溜。

也許有些人會認爲，做業務、談生意就是得到有「粉味」的地方才談得成，我認爲，這其實是藉口。就以買賣房子這件事來說，對買房子的人來說，要付出一大筆錢，是需要理性評估後才能做的決定，並不會因爲你請他喝酒，他就會砸大錢買你的房子。最終，交易與否的關鍵是在於你擁有多少房地產的專業知識。我不上這些地方談生意，我的業績依舊是公司最好的。

後來，我結婚生了大女兒，也出來開了自己的公司。所謂的成家立業，家剛成了，事業也剛創了，一切舉步維艱。媽媽便上台北來看三個月大的孫女。

當時，我在台北民生社區租了一間十二坪小套房，我還記得房子就在三民路加油站的旁邊。那天很熱，房間也沒有錢裝冷氣。媽媽、我和太太三個大人，還有一個三個月大的小嬰兒擠在一個房間，空間如何局促是可想而知的。床不夠大，我睡地鋪，小孩一熱就哭，太太剛生產完身體虛弱，我就抱著女兒站到陽台吹風，不要讓她吵到太太和媽媽。

我還記得陽台外有一盞路燈，也許是心情的關係，那盞路燈的光線看起來好淒苦。我手裡抱著女兒，邊搖邊哄她睡覺，心裡卻在想著：這樣艱苦的生活到底有沒有終點？現在小孩出生了，家裡的經濟擔子又更重了，我也有些徬徨，日子會不會一直苦下去？我暗自發誓，我絕對不能讓女兒像我一樣，從小看著父母為了錢吵架，為了錢而傷感情。

我已經沒有退路了，我一定要往前衝，才能把媽媽從生活的泥淖裡拉出來。如果我不衝，我就會帶著女兒、太太，還有媽媽一起往下沉，最後被生活所吞噬。

隔天一早，我六點就要出門工作，根本也沒睡幾個小時。太太因爲生完小孩後身體不好，我只能一併帶著剛出生的女兒。以前有部日本電影叫《帶子狼》，我覺得我的命運也差不多是如此，只不過，我不僅要顧小的，還要顧大的。

那天，我順道送媽媽去車站搭火車回草屯。這次生活上狀況太多，我幾乎無暇招待她老人家，心中滿是愧疚。當年，我開的是一台二手的破車，有多破？車子開動時，會不斷發出匡啷匡啷的雜音。媽媽坐在前座抱著孩子。

清晨的台北充滿希望，處處是趕著上班上學的大人與小孩，我的破車開到一半，車門掉了下來，這個狀況也不是沒遇過，我不慌不忙下車，用褲子上的皮帶穿過車門的把手，把車門綁在身上，繼續開。

這樣的場景，現在想起來像是一齣黑色喜劇，但當時心裡只有無盡悲哀。媽媽一切看在眼裡，一路默默掉淚，她怕給我壓力，流淚時總是刻意忍住，真不得已要落淚了，她會把頭轉向窗外，不讓我看見。然而，母子連心，這一切我都看在眼裡。

車子到了車站。媽媽忍不住開口了：「阿隆，我回去跟你爸爸說，家裡籌幾十萬，給你在台北買個房子，不要這麼辛苦。」我想也沒想，就跟媽媽說：「阿母妳千萬不要出手，不要幫我，這樣妳會害了我。」我知道，草屯家裡的經濟也不好，我若拿了錢，只會給家裡帶來更大的壓力。

我拒絕了母親的援助，是怕會影響我的成長，如果接受了，我就會習慣這樣保護的羽翼，喪失了蛻變的機會。**我們總有非常困苦，找不到出路的**

低潮時刻，我們會渴望他人及時的伸出援手，解決困難，然而，有些善意的援助，反而是日後的阻礙。在接受他人幫助時，我覺得應該要反過頭去追問自己：支撐你前進的動力是什麼？接受這樣的援助，會不會扼殺了原本一直支撐自己的那個動力、那個信念？

人生困苦的時候，我總不斷想起母親的眼淚，那些都是不堪回首的悲苦記憶，但悲苦的事卻也都轉化成為我前進的動力。

處境再難，也要每天對自己信心喊話

有一陣子，我很愛爬山。爬山接觸大自然，常會引發我對人生的另一種感悟。好比上坡時，你眼中只有山頂，從沒想過到了山頂立刻就是下坡路。人生也常常是如此，人生的路就像山峰一樣，起起伏伏。出身貧困的人總想著功成名就，改善家人的生活。像我年輕的時候，只想著眼前的目標，奮力一路向上爬，但人生有時候就是難以預料，會忽然遭到襲擊，陷入挫折。

我一直認爲，力爭上游就是「努力」「認眞」的同義詞。除了認眞以外，每一份工作都有它的專業性，你要認眞去吸收關於這份工作的知識和經驗。只要擁有這些，你一定能夠往上爬。

在代銷的房地產公司裡，我賣房子的業績很出色。我比別人早到辦公室，比別人勤做功課，還四處探訪價格。我和其他做業務的人十分不同，我甚少應酬，不相信生意成交非得要在一個充滿菸、酒、粉味的場合。在同輩之間，我是爬最快的。

一棟房子買賣的總價額度很高，我有專業，可以幫客戶找到合適的房子，所以我不需要跟客戶應酬。如果我要賣的房子條件不好，又對市場不了解而胡亂開價，就算我請客戶喝酒，人家也不會買帳。這是一個講求專業的社會，賣房子也是。客戶邀我一起喝酒，我就算拒絕了也不怕得罪對方，因爲我有足夠的能力，可以找到客戶需要的標的物，最後對方還是得靠我的專業。

後來在我自己的公司，每遇有婚喪喜慶的場合，有一位職員負責代我出席，我總是負責包紅包，就讓這個職員去吃，結果他愈吃愈胖。我一點也不喜歡應酬，我的私生活比公務員還公務員。

其實，我本來沒有打算這麼年輕、不到二十三歲就自己出來開公司的，起因是我的第一個人生挫折。

當時在任職的建設公司，我每個月的業績都是第一名，掌管了整個營業部。結果，有一年老闆打算在白沙灣投資「汽車旅館別墅」，這是模仿歐美的一種建案風潮，是兩層樓的獨棟別墅，建在海邊，很像我們在美國影集看到的富人豪宅，尤其在加州一帶非常常見。

這樣的風潮吹到亞洲，首當其衝的就是當時的亞洲富國：日本。大約在四十年前，日本經濟大好，也跟著歐美風靡起這種濱海獨棟別墅。老闆在白沙灣買了一塊土地，派了公司的總經理到日本考察。總經理回來後大力推薦，於是老闆也心動了。

那是一個房地產「一日三價」的年代，房子隨便賣都有人買，甚至一天調漲三次價格。我就曾經遇過，當天買不到房子的民眾氣得把我們的樣品屋砸爛。在那樣景氣大好的年代，人們會有種幻覺，總以爲未來的世界會愈來愈好，而忽略了通往未來的路上，有許多不可預期的波折。

當時的房地產界就是這樣的氣氛。當老闆接納總經理的推薦，打算在白沙灣推行「汽車旅館別墅」建案時，我大力反對。我曾做過市場調查，台灣的市場還未成熟到這種地步，就算有富人，但也不足以撐起這樣的市場。這種房子代表的是一種生活風格文化，一種在海邊閒散自在度日的富豪生活，和台灣人的性格很不一樣。

那個年代的富裕階級，大多是一卡皮箱打天下的商人，吃苦耐勞的勤奮性格深烙在基因裡。花大錢去買旅館別墅、過閒散的生活，並不符合當時台灣社會的價值觀。再者，台灣位處亞熱帶，海邊的房子夏天因爲太陽曝曬而悶熱，冬天則是吹東北季風，濕冷難受，根本不適合居住。另外，房子在氣候冷熱交迫下，過不了幾年就會崩壞。這些都是我考量的原因。

我曾在會議上大力反對，但反對無效。董事長決定要投資的隔兩天，我就提出辭呈，表示我覺得這個建案不適合投資，但董事長最後還是決定信任總經理的報告。

案子正式推出當天，公司邀請當時的當紅明星白嘉莉剪綵，在海邊停了一輛很漂亮的跑車，還有很多穿三點式泳裝的美女穿梭。香車美人，看起來很熱鬧。圍觀群衆很多，大多是十八歲到二十歲，都是騎機車來的。我一看就知道，他們只是來看明星、美女，拍拍照片就走人。

結果，當天只賣掉兩戶。熟悉房地產的人，一眼就看得出來這種狀況是親友捧場。而這兩戶也只是當天付了訂金，之後再也沒續付。說起來，銷量其實是掛零。之後這整片白沙灣汽車旅館別墅全部變廢墟，也把這家公司給拖垮了。

也許是年輕氣盛的關係，在老闆決定推案後隔兩天，我就離職了。這一年我二十三歲。算起來，這是我第一次從一個稍有成就的位子掉了下來，但也因為年輕，所以並不特別覺得沮喪，所謂年輕就是本錢，大概就是如此。

我很大膽地決定自立門戶，成立房屋買賣仲介公司。開一家自己的公司其實很不容易，尤其對於一個只有二十三歲的小毛頭。但是，每當我遇到困難的時候，就會想到我在金門當兵受的那些折磨；也會想到十二、三歲剛懂事的時候，在大家庭裡被瞧不起、被排擠的感受。再苦也沒有這些時候苦，於是什麼處境都能撐下去了。

那時候新公司總共有十個員工，落腳在大安區。我從零開始，自己騎腳踏車到處尋找創業的地點，最後選擇的是永康街這一帶。早年台北市易淹水，這裡是一塊地勢較高的坡地，不易遭到水災；而且住戶從日據時代開始就以公務員和教職員爲主，素質很高，房地產的潛力夠。

然而，對於一個二十三歲就當老闆的人，其實還有一項重大的考驗——就是帶人。

我是一個個性很急躁、很強勢的老闆，自認爲十分鐘能做好的事，卻花了二十分鐘去做，我會看不下去。公司開會時，很多同事都覺得壓力很大。因爲我在會議上一旦發現什麼問題，都會要求職員即刻提出解決方式。我罵起人來很狠，口無遮攔，年輕時脾氣一來怎麼也擋不住，有些職員就常常被我罵哭。

有一次，公司一位很好的員工因爲一點小事，被我在會議上不留情面的嚴厲指責，她自覺受了委屈，提起包包、頭也不回直接起身，撂下一句：「我不幹了！」然後就走出門離開。

我大概只遲疑了幾秒，馬上就從後面追上去，追到信義路二段上的公車站牌，外面的人還以爲是情侶吵架。我也顧不得路人的想法，立刻跟她道歉：「剛才是我修養不好，是我不對！請妳原諒我。」我費盡心思、想盡了各種辦法挽留她，最後她才勉爲其難接受。

事實上，我跟這位員工因爭執吵架、她憤而辭職的戲碼，並不只這一次，之後斷斷續續還發生過三、四次。現在回想起來，我當時的脾氣眞的很不好，這也是當年輕老闆的一種考驗。我不斷的修正、反省，每當有什麼氣話要說出口的時候，我都會告訴自己：深呼吸！多想個兩分鐘。

我記得台灣的知名歌手鄧麗君曾經說過，她在演藝圈遇過各種令人生氣、不平的事，但她總是訓練自己「不要把話說滿」，十分怒意說個五分就夠了；有時多停個幾秒，會覺得心中的不平、忿恨好像也沒那麼嚴重，而那些未出口的惡言，好像也沒必要再說了。我常常用這個方式克制自己的脾氣。而這位常常跟我吵架的員工，目前還在我的公司。她二十歲進公司，現在已經五十幾歲，快當阿嬤了。

在公司草創時期，事事辛苦，但業務數字其實是往上走的。我每天早上醒來，都充滿鬥志。我認爲，一個人要對自己有信心，有了信心，做任何事才會專注、有力量。從十七歲開始，我就常常跟自己信心喊話。**初踏入社會時沒有人脈關係，但我可以先讓自己有信心，有了信心才有動力，動力一形成，人脈關係就會不斷累積了。**

另一個同樣也是關於爬山的例子。我有個山友天生懼高。有一段通往大霸尖山的小路，是一面山壁、一面懸崖，腳下的小路剛好就只容一雙腳踩過。往下看就是深崖，十分恐怖。我這位山友，每到這段路就裹足不前，這是他的心魔。

後來，他的老婆告訴他：「你平常走路，踩在地上也是只有一雙腳的空間，平常不怕，爬山有什麼好怕的？」這位山友想了想，覺得很有道理。之後他有了信心，就把山路當做是一般的平坦馬路，不要想太多，相信自己能夠克服心中的恐懼。終於，他如願走過了那段可怕的山路。

所以，信心產生行爲的力量遠超乎我們的想像。以我來說，我有一種超乎別人想像的「喊話方式」。我每天出門上班前，一定會站在鏡子前，從鏡子裡面看著自己的雙眼，然後發自內心告訴自己：「你很棒，你一定可以的。」心理學叫這個是「自我暗示」。在我二十幾歲時，亞蘭德倫是全球最紅的男明星之一，我每天都告訴自己，我比亞蘭德倫、劉德華都還要帥。**不管他人如何比高下、如何看你，最重要的是你如何看待自己，這將會決定你做事的成就高度。**

觀察生活細節，了解顧客需求

在我那個年代，從小生活貧困，所以總是隨時想盡各種方式求生存。小時候沒有玩具，我們就自己找竹子、石頭當材料，自己發明玩法。這其實是人的本能，每個人都能用最簡單的工具，達成各種不同的任務。就好像銷售百年的樂高積木，基本上都是簡單的零件，可是卻有千變萬化的組合。隨機應變是人類原始的本能，好好訓練的話，發展是無限的。

然而，如果你有機會走一趟玩具專賣店，會發現現在的玩具愈來愈「具象」，不再像過去只用簡單的元素，讓孩子用腦力做出各種變化。甚至是現在人手一機的平板電腦、智慧手機，訴諸的是我們更直覺、更不須思考的反應。這種現象就是這個時代的縮影，大家愈來愈不去思考了，只想要立即的、隨手可得的事物。

也許因爲小時候那種自己做玩具的訓練，我在工作上遇到困難時，總會想到許多別人沒想到的方式去解決。

我工作上最大的低潮危機，是發生在一九七九年台美斷交那年，整個社會人心浮動，全台灣的有錢人都急著辦移民，市場大量抛售房產，但政治狀況不明影響了經濟表現，沒有太多人能接手這些抛售出來的房子。當年，光是大安區就連續三個月賣不掉任何一間房子。

我手下有十幾名員工，光是耗在辦公室也不是辦法。由於房地產零成交，員工領不到錢，但是離開又不見得能找得到工作。當時整個台灣的氣氛都不好，所以他們覺得與其離開公司另覓生路，不如大家一起想辦法，把公司撐下去。

我動腦一想，反正世道差、房租便宜，就在羅斯福路租了一間店面，做什麼生意呢？當年所有打算做生意的人，第一個想到的就是「吃」。進入這行的門檻不高，況且經濟再怎麼不景氣，人總是得吃飯，所以我就在羅斯福路跟師大路交叉口的一樓店面開了一家小吃店，由我們公司所有同事下場幫忙，當作過渡期。我還特別費盡心思，別人的小吃店都叫「某某快餐店」，我就要跟別人不一樣，比快餐店還快，叫做「遠香特快餐店」。

結果，我們沒做過這種生意，動作很慢，客人點一客排骨飯，弄了半天也端不出來。有位客人等到冒火，當場大罵：「什麼特快餐，怎麼這麼慢？應該叫特慢餐啦！」有位員工太太挺著大肚子在餐廳洗碗，熬了三個月這樣的日子，肚子裡的寶寶也已經八、九個月大了。我看到這個畫面，當場掉眼淚。爲什麼我這麼沒有用，讓員工的太太受這樣的委屈？

三個月後，我決定把「特快餐店」關掉。我忽略的一點就是，做餐飲的進入門檻低，但要做到生意興隆、上軌道的「專業門檻」卻很高。看到狀況不對，我立刻決定收攤，還是再重回到我的專業：房地產。

當年賣房子，只能靠登報和戶外貼紅單，然後就坐在辦公室裡等電話。這樣一直等下去也不是辦法，我靈機一動，要求同事直接到馬路邊現場搭小攤、發廣告單，這個在房仲業叫「Open House」。這個作法是我創風氣之先，把銷售的網絡拉到更機動的街頭，主動出擊。

過去，房子的買賣雙方都需要很強的「主動性」，自己去搜尋報紙的分類廣告，或是去戶外看板貼「售」字的紅單子。我把房仲戰線拉到路口，行人來來往往，客戶接受房子的資訊從「主動」的搜尋，變成被動的接受。他們每走過一次街頭，就知道哪間房子要賣、哪邊有什麼物件，這等於是幫我們開發一些潛在的客戶。我們也會主動向過客說明這些銷售案，不再只單方面靠買賣雙方自己找上門來。

Open House的好處是把戰線拉長了，買賣也更靈活了。這段日子撐了半年，直到政治風暴過了，生意才慢慢有起色。之後一路穩定發展，在最高峰時期，大安區一帶的永康街、麗水街、青田街所有成交的房產交易，我的公司就占了百分之七十。

這種解決生意困境的創意發想，常常都來自生活的細微觀察，像是Open House這個點子，只是因爲我看路口這麼多行人來來往往，何不直接向他們主動推銷呢？另一項我注意到的細節則是：我們原本的電話號碼是七個號碼，有能力買房子的人大多都四、五十歲了，這個年紀的人理解力很強，記憶力卻不行，所以我做了那種下方寫了電話號碼、可以撕下小條子的紅單，有興趣的客戶不必再花腦筋記電話號碼。我每隔一段時間會出去巡這些單子，也可以算出來有多少人對這個案子感興趣，做爲一項市場調查的資料。

這些單子貼在哪裡，也是一門學問。三十幾年前，台北市林森北路那一帶是花花世界，住著很多酒店小姐。那個年代沒有手機，到處都是公共電話。酒店小姐要Call客人來店裡消費，常常得到公共電話亭打電話，她們一進電話亭，就會看到我貼的這些紅單子，酒店小姐常會從電話亭裡撕下這些單子，叫酒客買房子給她們。

當然，叫酒客一次買三、四十坪的房子給酒店小姐，其實不太可能。但要他們買個十幾坪的小套房，頂多五十萬、七十萬、一百多萬就可以買得到，男人愛面子，通常都會買單。我就鎖定這些新生北路、林森北路一帶的公共電話亭，專貼小套房的單子，成交率非常高。

房子買賣能不能成交的關鍵，就在你是否善於發掘買賣雙方需要被滿足的需求。有時候是面子問題，像是酒客與酒店小姐的關係。有時是要運用同情心和同理心，要去設想客戶的心理；**跟客戶談生意，你必須站在他的角度和需求去看整件事情**。

爲了營造和客戶之間的「共鳴」，我的包包裡總放著三套衣服：一套西裝、便服和乾淨的襯衫。見到不同的人，當然必須說不同的話。如果遇到正式場面，我就會穿西裝、打領帶。我的西裝大多是二手市場買的，我也不在乎這些二手衣是哪裡來的、是否有死人穿過。

至於談生意的地點，我從不上酒家，但是場所也不能太寒酸，我就約在台北希爾頓大飯店（現在的凱撒大飯店）的大廳談事情，不用錢又體面。我還準備一個〇〇七的手提皮箱，自己買礦泉水，面子、裡子都顧及了。

當然也不是所有的買賣，都得裝出高級的模樣。我還在建設公司的時候，老闆交代我去跟某個與建商合建的大地主談交易，他們手上有十戶，我們希望買下六戶。他們是淳樸的種田農家，當天我穿著便服、放棄西裝筆挺，就先去田裡找地主，還特別準備了檳榔請他吃。這也是我第一次吃檳榔，一咬下去就頭好暈。我就在田邊跟地主聊天。

根據我的觀察，台灣的房子買賣決定權大部分都在太太身上，男主人的意見反而不多。地主對賣屋沒太多意見，所以我第二次就去拜訪他太太。畢竟就是枕邊人，對他的想法影響一定很大。當我第三次拜訪太太，因爲走動過幾次，每次都聊很久，見面總有三分情，我終於壯起膽子開口：「我們公司給我的任務，就是要買這六間房子。」爲了消除這位大姊的戒心，我還編了一個理由：「因爲公司想要買下來給員工當宿舍，希望伯母能牽成。」我去了好幾次，注意到太太有個四、五歲的小孫子，還特地買了一台可以坐在上面的玩具車，送給她的孫子，這樣一步一步的打關係。

最後，我成功完成了公司交辦的任務。

現在賣房子的狀況跟我當年差很多，我們那時候的資訊比較封閉，都要透過比較專業的經紀人去牽線。現在假設有十棟房子要賣，九棟都會透過房仲。房仲有網站，訊息流通很快，最近又出現了「實價登錄」，完全透明化。現在的房仲要賺中間的差價，機會少之又少了。

我們那個年代的資訊不透明，機會比較多，只要腦筋動得比較快，錢賺得也比較快。那時大多賣屋廣告都刊登在《中國時報》和《聯合報》，排版人員晚上排版，要賣房子的人會打電話進去留資料登廣告。我認識裡面的排版人員，他們只要晚上十點以前接到有人打電話要登廣告，範圍在永康、麗水、青田這個區塊的話，馬上就會跟我連絡。

當天晚上排版人員通報我之後，如果我買到了房子，就會包紅包感謝他。這個時間差的優勢很重要。那時候房子很好賣，尤其又是大安區，幾乎只要一有消息出來馬上就會被買走。當我晚上八、九點時得到消息，會立刻去拜訪賣家，通常對方會嚇一大跳，多半會覺得你很積極，反而會願意賣給你。然後我再轉手賣掉，賺取價差。

對這些要賣房子的人來說，反正房子就是要賣，當然是愈快有人要買愈好，也不會對突然來拜訪的房仲有反感。有時候訊息來得比較晚，當天晚上連絡不到屋主，我就隔天一大早六點去登門拜訪。我會同時帶一位職員過去，叫職員站在門口，不管我在裡面有沒有把生意談妥，只要職員在外面看到有人探頭探腦，就會回說：「你要看房子喔？對不起，已經賣掉了。」

這些創意激發出來的手段，像是Open House或是電話亭的紅單條，都是從生活的小細節觀察出人的需求，再進一步去設計實際操作的策略。經濟學百年來都不斷在談論供給與需求，我們做生意也是同樣的道理，就是去洞悉客戶的需求是什麼而已。所以，**穿什麼衣服、說什麼話才能打動人都很重要，要創造一種「跟客戶站在同一個位置」的感受。**

在競爭這麼激烈的市場裡，如何搶得先機也很重要。擁有最多房地產買賣資訊的人，通常就處於愈有利的位置。而如何去搶得各種資訊的先機，也必須靠各種層面的細心觀察、歸納。

在對的時機，說對的話

做房地產買賣其實賣的就是「服務」，所謂的服務都是從口語的溝通開始的。人類因爲有語言而能相互溝通，但是語言也會造成人與人之間的誤會。在房地產界工作這麼多年，我領會到說話技巧的重要性，例如到餐廳用餐，我會特別用心聽服務生如何介紹菜色，而從他們的用字、語氣，我多半聽得出來這個服務生是用「背」的，還是眞的「用心」在介紹菜色。一個服務生的口語表達，就決定一家餐廳大致的水準到什麼程度了。

我常去某家早餐店，最喜歡他們的蔬菜蛋餅，幾乎每天運動完都會順道去買。有一天，換了一個新來的服務生，我如常點了蔬菜蛋餅，他頭也不抬，只應了一句：「沒了。」然後又繼續忙他手邊的事，不再理我。這就是不及格的說話術，他其實可以換另一種方式說：「對不起，先生，蛋餅賣完了，你要不要試一下我們其他的新口味？」生意都送上門了，沒有理由不做，你得幫客戶設想，替他們提供不同的選擇。今天沒有蔬菜蛋餅，你可以幫客人創造新的需求，推薦其他的菜色。

我遇過最誇張的服務，是速食店的外賣客服。現在的外賣客服電話很多都外包到中國，也許因爲文化不同，或是他們的服務品質尚未提升，有次我打電話點餐，所有的餐點點完了之後，服務生突然告訴我，今天餐廳內部消毒無法供餐。我聽了很生氣，如果無法供餐，爲何還讓我點完餐才告訴我？這種服務完全不及格。他的主管後來過來接了電話，回了我一句：「餐廳就是在消毒，沒辦法送餐，你想怎樣？」這種服務態度，讓我決定再也不到這家店消費了。

我以前在報上讀到一則有趣的故事。英國一向有保皇派和倒皇派的爭執，有人擁護女王，有人則主張廢除王室。英國倫敦的海德公園是一個「街頭政論空間」，最有名的特色之一，就是人人都可以站在肥皂箱上發表意見。某一天，海德公園鬧哄哄的擠滿了倒皇派和保皇派兩派人馬，雙方針鋒相對，氣氛劍拔弩張。現場的警察覺得苗頭不對，想隔離雙方人馬，但卻苦無方法。

這個時候，有一個深具幽默感的警官出現了。他站上高處，向人群喊道：「贊成絞死女王的站右邊，贊成保留王室的站左邊，把中間的路讓出來，我們要過去。」人群一聽哄然大笑，自然就散了。一句幽默的笑話，成功化解了街頭的緊張情勢。所以，在什麼時機、說什麼話，這種事實在太重要了。

一句話，可以讓顧客從此不再上門；一句話，同樣也可以化解一場街頭危機。

說話這件事，對我來說不是什麼難事。我是B型天秤座，這輩子最喜歡跟人互動。我只要看到人，就充滿動力，想跟人接觸、聊天。一旦你不怕與人接觸，敢跟陌生人聊天，這就成功一半了。

我這個世代的人兄弟姊妹很多，潛移默化之下，我們很懂得跟平輩相處。尤其我來自大家族，表哥表姊很多，我從來不怕與人互動。但我有一個嚴肅的父親，我這個年代的人小時候能在同輩間悠遊，但對長輩通常會抱持很尊敬、甚至畏懼的情感。

然而，現在少子化，又大多是小家庭，小孩與同輩互動的機會少很多，再加上父母的寵溺，現在的孩子長大之後不但不畏懼權威，甚至有些沒大沒小，卻不懂如何跟同輩的人相處，事事自我中心。

這是我觀察到的年輕人通病，狀況剛好跟我們那一代的人相反。不過，好處是年輕人資訊接觸量比我們多，眼界比我們寬廣。照理來說，年輕人應該更不怕與人接觸才對。

以我的經驗來說，「與他人互動」與「以說服他人爲目的的互動」，仍有些微的不一樣。就像你可以很自在的跟陌生人說話，是因爲你對他無所圖，但是當有一個商業目標爲前提的話，整個人的精神就會緊繃起來，連帶著說話的節奏也會跟著咄咄逼人了。所以，我認爲**在進行商業交涉的過程時，你必須做好一個心理準備：不要預期第一次訪談，就能達成買賣的目標。**

我做房產買賣，第一次跟客戶接觸都當作是彼此交朋友，對達成交易不抱很大的希望。何況在大多的情況下，地點好、價格自然也就高，公司不可能有足夠資金買，但我們依舊可以提供另一種服務：幫忙找其他可能的買家。

就算你想提供尋找買家的服務，畢竟第一次見面，客戶對你有戒心，要他馬上答應簽訂委託買賣合約並不是很容易。我一直相信一句老話：「好事多磨」。給對方一點時間思考，反而有促成買賣的可能。

我也想提一下，另一種心理上的矛盾。很多年輕業務在跟客戶談事情之前做了很多功課和準備，覺得自己知道得很多，急著把知道的東西全部一吐為快，想一次就達到簽約的目的。這其實也不對，因為你的患得患失會讓你很心急，一心急就會讓客戶築起戒心，如此惡性循環之下，最後生意沒了，你的自信也會被打擊。

另一個商業談判時常常會遇到的狀況是：對方批評你提供的產品。以我的經驗來說，客戶一進了房子，可能會嫌方位不好，有時會嫌生活機能不好。當你聽到客戶對你的產品提出批評時，你千萬不要沮喪，反而要高興，因爲客戶只會對有興趣的產品挑毛病，所謂「嫌貨才是買貨人」。

根據我手上成交過的案子，嫌得愈厲害的人，最後往往卻是買賣成交的對象。這是一種很奇妙的消費者心理，他們對於自己感興趣的商品總是先看到缺點，一方面希望藉此壓低價格，一方面是自己也在評估，內心在做正反面的辯證。這時先不要逼客戶，給他們一點空間，你要做的就是提供充足的資訊，協助他們做出判斷。

做房地產其實沒有什麼了不起的秘訣，就是勤走路，四處找人聊天，蒐集各種情報。比如像公園裡的媽媽們，通常是各種消息的傳播中心。有哪戶房子要賣，屋主還沒登報、貼單子，公園裡的媽媽們就會早一步得到消息，因爲房子買賣的「生殺」大權通常決定在家庭裡的女主人手上，而女主人在賣房子開價之前，常會向附近的婆婆媽媽探詢價格。做這一行，資訊得到的速度比別人快，就有捷足先登的機會。

要跟這些婆婆媽媽或是鄰里間的長輩打交道，**只要秉持誠心與禮貌，通常都無往不利**。雖然說台灣的社會愈來愈冷漠，但我覺得人與人之間的溫度還是在的，要不然現在就不會有這樣一句話：「台灣最美麗的風景是人。」

和長輩互動嘴巴要甜一點，年紀比我大的，我就叫大姊、阿嬸、阿伯，年紀更大的就叫阿嬤、阿公，這樣的尊稱很重要。我常在家附近被人問路，很多年輕人就直接問：「請問某某路怎麼走？」雖然他加了一個「請問」，聽起來算是有禮貌，但如果加上一句像先生、小姐之類的尊稱，會讓聽者感覺更親切。這是非常小的細節，卻有畫龍點睛的功用。

有了稱呼之後，你需要一個開場白，切記不要直接談主題，這樣會讓人起戒心。這種直接進入主題的談話方式，只會讓人想到路邊那種說著：「先生，可以幫我們做一份問卷嗎？」的工讀生，通常被拒絕的多，成功的少。所以說，跟陌生人聊天，尤其是上了年紀的大姊、阿伯，你要配合他們的生活節奏，用關心他們的生活爲主軸，像是先向他們問好：「阿伯你好啊。」通常他們看到有人打招呼，也會禮貌性的回應。

這時候，可以接著下去問：「你住這裡多久了？這裡的環境很好耶。」或是比較活潑一點，跟他說：「你氣色很棒，看你的臉上寫著快樂兩個字。阿姊，你這裡住多久了？」這種對話無傷大雅，不會讓人起戒心，對方也會順著答：「我住這裡四十幾年了。」聽到這樣的回答，我就知道找對人了，住得愈久的人對地方就愈了解。

接著，可以間接進入主題。通常我習慣的方式是說：「我有個朋友要看這附近的房子，你們這裡的房子學區好，他的小孩子要念書了。」這些話透露了幾個訊息：其一，不要把自己放到戰線最前端，稱說有朋友要買，隔了一層比較好談。對方若是覺得這附近有什麼負面的消息，也比較願意說出口。如果直接就說我要買，對方比較不容易說真話。其二，以學區當理由，不容易讓人反感，也間接透露這是一個小家庭在尋找住所，不是什麼亂七八糟的人。說對方的學區不錯，也間接稱讚這個地方的文教風氣很盛。

一切都順利的話，最後就可以丟出問題了：「你知道有人要賣嗎？」對方可能就會回答：「有啊，我隔壁要賣呀。」這時候，你可以再請託對方：「大姊啊，我跟他不熟，麻煩妳幫我介紹，如果成功的話，我一定包紅包給妳。」通常這種經由熟人牽線的例子成交率很高，過去買賣房子多半仰仗人際關係，我很多案子就是這樣成交了。

用專業、誠心去交朋友

參與任何的商業說服過程，最重要的都是先充實自己的專業知識。說話術並不是把黑說成白、無中生有，而是輔助你的專業長處。很多談論談判說服的專家，常會要求大家先包裝自己，像是外表的服裝、打扮。我認爲，這些都是其次，只要乾淨、整齊，不要讓人看起來覺得太怪異即可，**任何過度的包裝都是華而不實，最好的包裝就是你自己的專業知識**。

對我來說，最好的包裝就是對房地產的常識，因爲我對這方面懂得多、資訊掌握清楚，這也是我信心的來源，因爲知道自己不是花拳繡腿，所以敢去賣、敢去談價錢。我做的是「代理銷售」，賣方會詢問這個區塊的價格行情，也會想了解自己房子的優缺點，這時候就是我個人展現對這個產業熟悉度的時刻，每次都能對答如流。

慢慢的，我也多少對賣屋者的心態有些了解，他們有時候表面上跟你探聽行情，其實對自己要不要賣房還在猶豫不決，這種三心二意的人很多。經常有人最後這樣問我：「這是要賣呢？還是不要賣？」明明是你的房子，怎麼問起我來了？這很矛盾，也很有趣。

我做的是房產交易，照理說我應該鼓勵對方賣房子，我才拿得到服務費，但我並不會總是這麼做。我會先了解客戶賣房子的動機，如果是年紀愈來愈大，本來住四樓的公寓沒有電梯所以想換房子，我會鼓勵他換。有的是本來住的坪數比較小，想以小換大、以舊換新，我都覺得應該換。

我偶爾也會勸人不要賣，比方說，我遇過一個家庭住的是公寓，位在不錯的地段，周遭的學區、生活機能都不錯，我問客戶：「這個房子的環境很好啊，爲什麼想賣？」對方有些不好意思的說：「因爲有路衝，每天心裡都毛毛的，不太舒服。」

我分析狀況給他聽：「以你目前的經濟狀況，並沒有多餘的現金，只是覺得路衝不吉利。如果你要賣掉另外再買新的，賣的要繳增値稅，買新的房子還要再繳契稅，另外還有請代書過戶的費用，這些都是額外的費用。」買房子常遇到風水問題，我都會舉這個例子：「你看，我們的總統府就是大路衝。我們二十幾年前還是亞洲四小龍之首，是經濟奇蹟，如果總統府風水不好，我們國家不是早就垮了？」

原本要賣房的屋主聽了我的建議，就不賣了。這筆交易雖然沒有做成，但我們從此變成了好朋友，經常會連絡。過了兩年，屋主變賣了鄉下一塊父親的祖產，多了一筆現金可以運用，我就鼓勵他可以考慮換屋，不要以迷信爲訴求，有電梯的大樓或是大坪數的房子都很值得換。雖然兩年前我沒賺到仲介費，如今他有機會換房子，馬上聽我的建議，很順利就成交了。

所以，除了專業知識之外，誠信也很重要。賣房子處理的其實就是人的問題，而人與人之間的交往，最重要的就是信任。要如何搭起信任的關係？就是靠誠信。有人問我要怎麼累積人脈？有很多書會教你名片管理、多參加各種社團活動……我覺得這些都是其次，累積人脈就是交朋友，而交朋友除了誠心之外，也沒有別的方法了。

很多人說房仲是滿嘴謊言的行業，因爲名聲不好，所以更必須刻意提升「誠信」。好比如果有好的案子，我都會用誠懇的態度跟客戶討論，而不是信口開河。有一分證據說一分話，對方才會覺得有道理。我也不把自己當作只做一次買賣的房仲，生意成交後，我們還是會彼此連絡。當我知道你的房子的市場價格攀升到適當且不錯的水準時，我會主動建議屋主賣，十次有九次都會成功，因爲我們已經建立起了友誼，對方信任我。說起來，我其實是用自己的專業去交朋友。

我始終相信，現在的人愈來愈聰明，隨便唬弄客戶等於斷了自己的後路，縮小自己的人脈版塊和舞台。

上述因迷信想換屋的例子，在台灣很普遍。我總勸客戶不要輕易因此換屋，並非只局限在這個個案，只要是換屋的動機是迷信，我一定會說服他們不要賣。我總跟客戶說，房子要著重大環境、小環境，還有內部隔間的問題，再來是看採光，以及房子周邊有沒有汙染，或是直接影響身體健康的高壓電塔、電磁波很高的基地台等等。

如果你迷信的話，即使換了一棟新的房子，一定還是會遇到別的問題：

有的是路衝，有的是壁煞、磁場怎樣的……風水計較的各種眉眉角角很多，不信的話，你去找十位風水師來看，十個講的都不一樣，你要聽誰的？你永遠聽不完，不如不信。

我從退伍上台北之後，總共在這個台北盆地搬了十三次家，從來沒看過風水，就連搬家也不會看日子，只要好天氣、沒有下雨就是好日子。我從小就靠自己，我只相信自己的力量可以改變很多事，外在的力量都不可靠，也包括迷信。

我換房子的原則是：以小換大，以遠換近。另外，也曾爲了小孩的學區而搬家，甚至曾經每一年搬一次家。但我把搬家看成是一種自我要求，因爲我對現實不容易滿足。房子住久了，就很容易發現它的缺點，或是看到了條件更好的房子，又變成一個新的目標，一有新的目標，我就會努力去達成。

搬家也可以看出一個人的個性，很多人房子一買就住了三、四十年，這種人要不是對現狀容易滿足，就是上了年紀的老人家，重安定而不遷居。我年輕的時候，剛好趕上房地產的熱潮，加上我的個性不容易滿足，於是一間房子換過一間。我看房子一開始都是滿意的，但等一段時間看到更好的，就會心動而開始努力存錢。

繼民生社區之後，我買了泰順街的老公寓，只有十五坪，又是頂樓，颱風時門關不緊，一下雨就要一手擋木門、一邊顧小孩。我也是一路從爛房子，才慢慢換到條件較佳的住所。

年輕時換房子體力好，不覺得吃力。很多人把換房當成一種性格不安定的缺陷，我不這麼想，因爲我做的是房地產，所以每次換房子都當做一次學習。畢竟年輕時沒有太多社會經驗，總是有看走眼的時候。有些物件仔細去想，多多少少還是有缺點。一般人可能會爲自己選擇錯誤而氣餒，我的想法比較正面，就當成一種學習：我知道這棟房子的某個缺點我沒看出來，下次一定會避開，當成累積經驗，這樣犯錯才有意義。

我現在的房子已經住了十年，不打算再搬家了。畢竟做房仲的這幾年累積的經驗多了，看房子的眼光準了，而且有較多的資本可以選擇較好的物件了。

不過，有些房子的缺點是很難看到的，像是鄰居的問題。我曾經住過一個地方，樓上有小朋友，每天晚上會從沙發上跳下來又跳上去，聲音很大。多次上樓跟大人反應，講到我都覺得不好意思了。我自己也有小孩，其實我們也知道小孩好動，常常會製造噪音，很難去改變。我也曾遇過晚睡的鄰居，每天半夜音樂開得很大聲，或是夫妻吵架很激動……不管是我的客戶還是我自己遇到這些狀況，唯一能做的選擇就是：搬家。

縱橫商場這麼多年，我也不是每次銷售都百戰百勝。讓我記憶深刻的一次是，早期我還沒開公司，幫董事長的公司做代理銷售。我有次被派去和平東路談一間老公寓，這是一棟四樓公寓的三樓，四十幾坪、格局方正，住戶是一對夫妻和兩個小孩。

他們是標準的城市中產家庭，公寓裡有個房間是做成運動間，全家在裡面打乒乓球。我拜訪他們時，夫妻倆正在跟小孩打球。我進房間邊看他們打球，邊跟他們談生意。屋主太太講話很不客氣，談到一半，就很直接的說：「你們做房仲的跟寄生蟲沒有兩樣，做的是沒有本錢的生意，你們就是要靠我們這種客戶才能生存。」

當時我聽了，覺得受到很嚴重的汙辱，心裡非常生氣。我不偷不搶，做的也是正正當當、有繳稅的工作，爲什麼要受到這樣的歧視？心裡一方面覺得憤怒，但是另一方面，我的理想逼迫我去思考：這間房子的地點、隔間都很好，只要我能耐著性子談下這間房子的委託買賣，我一定有辦法賣掉，可以賺到一筆可觀的佣金。我告訴自己要忍耐、不能生氣，所以儘管她當面罵我寄生蟲，我還是面帶笑容。

我就跟屋主先生說：「今天談話下來，發現你太太真的是很顧家，盡全力保護你們這個家庭，好守住財產，我真的很欣賞你太太，你能當她的先生太幸福了。」接著，我徵求先生的同意：「雖然這個案子沒有談成，但我離開時可不可以擁抱一下你太太？」先生說沒意見，我就帶著崇拜偶像的態度去擁抱她，化解剛才尷尬的談話氣氛。

擁抱之後，屋主太太就說：「李先生，真的，我也很欣賞你，你們從事服務業，有這種忍耐的修養和敬業精神，我也很佩服。就衝著這點，我房子給你賣。剛剛說你是寄生蟲的話，我也收回。」其實，這位太太是有點男人的性格，說話、做事比較直接，有時就會無意間傷人。

這是我處理事情的方式，雖然衝突發生了，但不是非得要雙方硬碰硬的對撞，那通常只會兩敗俱傷。所謂「事緩則圓」，當談話的氣氛溫度升得很高，你被惹毛了，對方也不高興。當情緒被激怒了，難免有衝動想罵回去，但一定要克制自己的怒氣，然後要想辦法用最快的速度把氣氛的溫度降下來。當氣氛降了溫，回到原點，又會恢復原來自然的狀態。人在自然的狀態下就會恢復冷靜，不會說出太超過的話。這時候，再適時做一些令人溫暖的動作，讓氣氛往更和諧的地方走。

我想，這也是我從小在那種受人冷落的家庭長大，所培養出來的性格吧。對於衝突的情況，我總會先忍住個人的情緒，顧全大局。

也許就是這種顧全大局的處理方式，才讓我得以在大安區如此悠遊數年。這裡的居民教育水準高，對外人的設防心也很重，不像鄉下，什麼事都剖開來給你看。我剛上台北、落腳在這裡時，一開始也很不習慣這種人與人之間的界限。

對付這些「防線」，我發現誠懇是最好的方法。**誠懇再加上專業知識，就可以突破一道一道的防線，最後總能百分之百跟他們打成一片**。而這些防線並不是我去拆除的，最後都是對方主動撤掉圍牆。

對這些人來說，他們的防線就是：「你會不會騙我？你可信度高不高？你到底夠不夠專業？」當他對你產生問號，就是好現象。他只是在懷疑，同時也表示他對你有興趣。要是完全沒興趣的話，是連懷疑都懶得懷疑的。當客戶對你提出質疑時，你要高興，因爲你的機會來了。當客戶對你設防線時，你要對自己更有信心，只要說對話、做對反應，這些防線都會一一瓦解的。

每個相遇的人都珍貴

買賣房子四十多年，我遇過許多感人或是印象深刻的故事。而從這些人的身上，我看到了人性的偉大，也學習到許多做生意的小秘訣。

看過這麼多房子，我認爲沒有賣不掉的房子，只有不會賣的人。我遇過一些當年被視爲劣等的物件，最後仍然是靠靈活的頭腦、小小的創意，讓這些房子順利成交。其實，房子從來沒有什麼好與壞的差別，只有適不適合自己。條件再差的房子，都會有某些人特別喜歡，而房仲這個服務工作，就是把這些適合的人找出來，進行媒合的服務。

有些人認爲山坡地的房子不好，但有些族群會特別喜歡住在山邊，像是一些藝文創作者，喜歡接近大自然。新店的花園新城曾經被視爲失敗的開發案，但還是有很多人喜歡那裡的房子，而且當地的社區意識非常強。市區的房子在一般人眼中是極好的物件，但我也遇過一些客戶就是嫌市區有壓迫感，爲了小孩的成長，刻意從鬧區搬到市郊。

就像一樣是老公寓，因爲需要爬樓梯，對於老人家可能不適合，但對年輕人來說就不算什麼問題了。而且總價較低，反而是年輕人的選項之一。

什麼是好房子？什麼又是壞房子？在不同的時間，也會有不同的價值觀和看法。現在的人講求景觀，愈高的樓層愈吃香，甚至還有人會指定要買老公寓的頂樓，因爲可以加蓋，多一層利用的空間。但在三十年前，頂樓的房子普遍不好賣。

我有次接到一間位在頂樓四樓的房子，那時剛好七月份，天氣非常熱。頂樓加上夏天，所有不利的條件都擠在一起，所以這間房子賣很久都賣不掉。我心想這樣不行，就在翻外國裝潢雜誌時得到了一個靈感，自己花了點小錢，在頂樓的屋頂用鐵絲網和木條搭了一個棚子，然後再到建國花市買了好幾棵葡萄樹苗，把樹苗種在頂樓，讓葡萄藤攀爬在木棚上。

臨時種的葡萄樹當然來不及結果，於是我再到中央市場買了好幾串巨峰葡萄，用細鐵絲綁在樹藤上。忙完之後，整個屋頂看起來很有異國風情，也因爲搭了棚子，產生隔熱的效果，讓四樓室內也降溫了。

沒多久，有個老太太來看房子。通常老人家不會買要爬樓梯的房子，但那天我看她帶著一個小孫子，就看到了機會。我帶老太太先到棚下坐，那裡比較涼快，小孫子抬頭看到葡萄，興奮的吵著要摘，我的同事就拿剪刀給他，抱著他上去剪葡萄。老太太看了很高興，氣氛很愉快，我們便乘機跟她說：小孩子好動，這個四樓的頂樓剛好可以讓他跑來跑去，而且自己人住四樓，又不會吵到鄰居。老太太聽了一邊點頭，一邊接話說：「這片頂樓，剛好可以讓我孫子在這裡騎噗噗車，也不會吵到別人。」於是，我們就成交了。

這個例子就是告訴我們，如何去看到客戶的需求。你第一眼可能會以爲老人家不適合四樓頂樓的房子，但如果你再多細心一點，看到她帶來的孫子，就會發現：大人買房子，有時候不見得是爲了大人本身的需求，也可能以身邊其他家人的需求爲重。當你看到了客戶的小孩，你就要臨場應變，找出你手上這個物件適合孩子生活的功能，甚至去創造客戶的需求，例如我裝設葡萄架原本只是爲了隔熱，以及美化這個本來不是那麼熱門的物件，但小朋友會想要摘葡萄，你就創造出客戶的另一種需求了。

除了客戶的需求之外，你還要看到客戶的弱點。

另外有一棟頂樓的房子，我記得是在台北市和平東路二段巷內的老舊公寓頂樓。房子賣了很久都沒賣出去，最後我交代一個懷孕的職員去賣那間房子。她已經懷胎八、九個月，就快生了，肚子很大。我跟她說：這間房子如果賣掉的話，你一定會自然生產，因爲樓梯爬得多。

我拿張椅子放在一樓給她坐，有人要看，她就帶人上去看。

後來有個媽媽來看了三次，一直都在猶豫、考慮。當她來看第四次時，我教公司的銷售小姐跟這位媽媽說：「妳一定很喜歡這間房子，只是有一點點遲疑。這房子很適合妳，我已經陪妳看了第四次，我肚子裡的小孩好像都在對我說『媽媽好辛苦，爬這麼多次樓梯』。如果妳買了這間房子，我和我的小孩都會感謝妳的。」因爲對方也是媽媽，所以對這位懷孕的銷售小姐其實是能感同身受的。後來，那個媽媽果然買了。這其實就是苦肉計。

曾經有幾年時間，我也賣過豪宅。但是賣這樣的房子，我反而沒有什麼特別的成就感，因爲買賣雙方都是有錢人，我們只是仲介。金字塔頂端的人買房子買的是一種「情緒」、一種「感覺」，通常並不是爲了居住。這些豪宅就算有人住，也不是屋主自己，通常都是「瑪莉亞」（外籍幫傭）或司機。像這些有錢人，手上都有三、四戶以上的房子，他們把房子當成藝術品、骨董，買起來放著，並不會積極的規畫出租。這是買方的心態。

對賣方來說，除非遇到特殊的缺錢狀況，這幾間房子就是放著，賣與不賣，對他們來說不過是銀行裡多幾個零或少幾個零而已。我做這種服務佣金當然比較高，但反而沒什麼感受。

較麻煩的案件反倒不是這類的豪宅，而是年輕人第一次購屋。這類的案子感人、煩人的故事通常最多。我遇過各種第一次買屋時講價的各式理由，像是有人會說：「我沒有錢，可是我老婆懷孕了，你幫幫忙嘛，不要賣這麼貴。」也有人會說：「這房子賣得這麼貴，不如就送我個車位好了。」買房子又不是上菜市場，買蘿蔔還送蔥嗎？首購族的爭執，通常是爲了價格。

也因爲首購的經驗不足，有人買了之後，第一個晚上整晚睡不著，天亮就來找我，想要反悔。他們大多害怕付不出後面的款項，有的人則是擔心這間房子到底適不適合自己，住進去才發現不滿意怎麼辦？更常見的疑問還有：「我是不是買貴了？」我也遇過有人的煩惱是：「我的鄰居看起來怪怪的，他有沒有憂鬱症？」

面對這些五花八門的疑難雜症，我能做的就是一一幫客戶消除憂慮。這就是服務業的精神。

當然也有感人的故事。我遇過一個六十五歲的客家媽媽，當年台灣電力公司在仁愛路有個招待所，招待台電從各地來的開會人員，客家媽媽就在裡面當工友。她獨力撫養三個小孩長大，一路努力存錢，想幫三個小孩各買三間都位在台北市精華地段的房子。在三十年前，三十坪老公寓總價約一百五十萬，她先買了老大的，又買了老二的，當要買老三的房子時，卻在跨越車道時，因為不熟悉仁愛路剛改成公車專用道的規畫方式，被疾行的大客車撞死了。

她死前一個月，透過我買了一間房子，位在新生南路一段的小巷子，總價一百六十五萬，才付了第一次款就過世了，所以頭期款還沒付足。三兄弟跑來找我，表示可能沒辦法繼續付款買房了。

他們兄弟三人中，老大、老二的房子都是在我手上成交，如果老三的房子因為這樣而落空，我總覺得好像對死去的客家媽媽有愧疚。那一輩的老人家，圖的就是希望後代能有好的物質生活，不必再像他們那樣辛苦。

客家媽媽幫老大和老二都買了房子，如今走了，感覺好像沒有替老三安排好生活，媽媽也會不安心。我跟三兄弟說：「爲了讓你們的媽媽走得很安心，我來促成這件事。這樣好了，我借錢給你們一年，不用利息，你們利用這段時間去籌錢。」我幫他們算過了，一百六十五萬的房子可以貸款一百萬，頭期款六十五萬，他們的媽媽已經付了二十五萬，剩下的四十萬由兄弟三人花一年時間去湊齊，應該不是太大的問題。

我借了他們這筆錢，房子最後也順利成交。二十幾年過去了，兄弟三人到現在還是住在當年他們媽媽跟我買的房子裡。那間媽媽付了一半的房子，現在市價大概値三千萬元。我會想幫他們，是因爲我覺得那位客家媽媽眞的很偉大，當工友賺的錢不多，她一點一點存，存到能夠買三間房子，這需要多大的毅力？需要多大的體力付出？

之後，三兄弟的同事、親友買房子都來找我。建立人脈，就是靠眞誠這樣慢慢的累積。在三十歲到四十歲之間，我總認爲錢賺得還不夠多，因爲十幾歲之前被沒有錢的痛苦嚇到了，所以一直想著要更努力。我當年已經算賺得比同輩多很多了，但還是覺得不夠。而這三兄弟的遭遇，讓我第一次伸手去幫助他人。這讓我體悟到，**人除了追求錢財之外，其實還有其他更有意義的事可以去追求，像是幫助他人，那種成就感和快樂，不是賺錢可以比擬的。**

法律解決不了的情與義

人生總是起起落落，挫折是來去無影蹤的殺手，在你不經意的時候襲擊而來。在永康商圈的日子，我經營得還算不錯，但這並不代表一切都順利無波折。第一個波折，發生在我之後轉做土地開發時，在士林士東路一帶買地做了建案。

當時是以預售屋的方式，將大部分的房子都賣出去了。預售屋的錢是一期一期慢慢收，拿到這些預售的款項後，公司可以做一些周轉。當房子已經蓋得差不多時，突然有一戶買主因迷信關係，認爲風水不好，想要退屋。他已經付完了大部分屋款，我的理解是，他後悔買了房子，於是想盡辦法找理由退屋。但他一個人的力量不夠，就聯合其他買方對公司施壓，提出集體退屋要求。

其中一位買方還是律師，由這位律師帶頭抗爭。我們做生意的最怕遇到糾紛，尤其整群人如果天天來公司鬧，其他正事也不用做了。我於是壯士斷腕，不相信你們不買我的房子，我就賣不出去！爲了避免這些麻煩，我決定整棟都退屋。這對公司是一項很大的挑戰。

當我整棟的預付款都退光之後，意志很消沉。我這麼努力，好不容易才擁有這樣的事業，怎麼一下子突然來了這麼大的波折？有天下午五點半，我坐在建案一樓庭院前面，坐了五分鐘之後，心裡有一個聲音這樣跟我說：「老闆，你不用擔心，這是棟會講話的房子，是很活潑的房子。」當一個人一直在想某件事情、沒辦法突破的時候，會有很奇妙的第六感，或是奇妙的聲音冒出來，這是一種潛意識的自我喊話。我一直深信，我蓋出來的房子一點都不差，只是時運不濟，但我不抱怨，決定用正面的方式迎擊挫敗。

人在消沉的時候，只要有一個正面的聲音，就有力量把自己拉出來，千萬不要一個人百轉千迴在自己可憐自己，這對事情是沒有任何幫助的。當我聽到了這個聲音之後，整個人的動力都來了。我主動找建築師開會，在會議上，我決定把房子裡原本鋪的地磚全都打掉，改換木地板。

這個小小的動作，會拉近人與建物之間的距離。台北濕冷多雨，尤其在冬天的時候，腳丫子踩在瓷磚上的感覺很冰冷，沒有溫度。當一個人對這個空間只有冰冷的感覺時，人與空間的距離就被拉遠了，所以，我決定把室內地板全改成木地板。這在當時也算是一項創舉，因爲木料地板較貴，施作也比較麻煩，但我相信這樣的改變是值得的。

另外，我把衛浴改成乾濕分離，淋浴與廁所做拉門隔離，這是西式的衛浴空間概念，很適合台北的生活習慣。有時候梅雨季一來，洗完澡整個浴室一整天都不會乾，如果乾濕分離，可以將浴室做不同區隔利用，也比較乾爽。當時乾濕分離的浴廁並不多見，再加上木地板，做了兩個小地方改變的建案再重新推出，果然大受歡迎，搶購人潮又回來了。甚至有當初退屋的買方，回頭來買。

我跟那些回頭買房的人說：「我現在要賣的價錢不一樣，比原來的價格多了百分之二十。」結算下來，這個建案銷售一空，我們不但沒有虧，還比當初賺得更多。

我遇到挫折，是用正面態度積極的去改進，收穫就不一樣。**危機就是轉機，人生很寬闊，但我們身處其間，常常只執著於眼前的挫敗，**被困在裡面走不出來。**如果跳離眼前的困境，用一個比較大的視野去看發生在我們**

身上的挫敗，這些挫敗有時候並不是什麼壞事，是對你自己的一種考驗。藉由這些考驗，你會學到一些解決問題的能力。我認爲，挫折並不可怕，應該直接正面迎擊。你要不斷問自己：這個困境還有什麼其他可能解決的方式？我是做錯了什麼選擇，才會讓自己陷入其中？我們都是在錯誤中學習，在挫敗中成長。

另一個挫敗的經驗，幾乎動搖了我的公司根本。

有一年，在報紙分類廣告貼出金華街有一筆土地三百五十坪出售，每坪八十萬。那筆土地在金華公園周邊，是精華中的精華地段，這個價格算非常便宜。我稍微打聽之後，才知道這筆大土地是周家後代共同持有，而周家分成十三個派系在互相角力，所以是塊產權複雜的土地，雖然値錢，但很多土地開發商常因擺不平這些派系利益，而裹足不前。

這位上門找我的周先生，拿了一張法院勝訴的判決書給我看。他所代表的派系跟其他家族成員打官司，地方法院判他勝訴，這張地方法院判決書裡，的確寫明他是這筆土地的合法管理人。我不疑有他，馬上請了代書來訂契約。我總共付了一千五百萬，在二十幾年前，這是極大的一筆錢。

付完款之後沒幾天，周家其他成員出面了，他們出示了另一張「判決書」，是高等法院的判決。原來，找我賣土地的周先生只有在地方法院勝訴，到了高等法院卻變成敗訴。依據台灣三級三審的法律制度來看，拿走我一千五百萬的周先生，根本就不是合法的管理人。

完了，我被騙了。那陣子我很憂愁，不能原諒自己怎麼會中了這樣的詭計？不管怎樣，我一定要想辦法把那筆一千五百萬的帳款收回來。

我四處打聽，後來知道這位周先生住在內湖成功路四段，我每天晚上去找他，跟他講道理，說服他：「你這是在騙我，是詐欺行為，我不去告你，但拜託你，一千五百萬要退給我，沒這筆錢我的生意眞的會完蛋。」有時候沒遇到周先生，遇到的是周太太。

一個家裡面，女性看起來似乎地位不高，只是依附在丈夫身上，但其實不管是賣房子，還是家裡的財務管理，我反而覺得女性才眞正是做決定的人。我決定以周太太為切入點。當年，我有一個小孩在念高中，而周太太也有一個念高中的兒子，每回去「要債」，我都見到她和兒子。於是我訴諸同理心，先跟周太太談小孩的教養，談小孩的學校功課和升學問題，然後跟她說：「我們賺的錢都是辛苦錢。妳看看，妳有一個高中生兒子，我也有，我沒拿回這一千五百萬的話，我那個跟妳兒子一樣大的小孩可能就繳不出學費，要休學去工作了。為人父母，妳知道這種痛苦，希望妳勸勸周先生把錢還我。」

面對這種糾紛，上法院由國家公權力介入是最直接的方法。我是可以上法院告他，但這種撕破臉的方式，只是讓對方背上前科，對還錢一事沒有直接的幫助。而且通常被告的人會覺得：反正我已經被判有罪了，我已經付出代價了。至於債款，只要他一句沒錢，就可以把一切都賴掉。最終的關鍵，還是在於他有沒有還錢的意願。爲了讓他產生這個意願，我必須先在情感上訴諸同理心，讓他知道我的處境，好出面處理債務。

那陣子，我幾乎天天到周家報到。經過了兩年，周先生因爲信用早就破產了，沒有辦法動用資金，也沒有支票可以開。後來他請託一位在西門町一家很舊的旅社當女中（女服務生）的女性朋友，周先生就透過這個女中開她的支票還我錢。開票的頻率不定，面額大多是一次五十萬。有時開一張，有時開兩張，期限分別是一個月到三個月。

但是，這些支票也不是全都能夠順利換到現金。我常常在下午三點半前接到周先生的電話，要我別把某張支票軋進銀行，他的錢還沒周轉進帳戶。當年的票據法屬於刑法，一旦支票跳票，人是要去坐牢的。那怎麼辦呢？我就拿這張芭樂票去跟他換另一張期限更後面的支票。

我也很無奈，我如果把票拿去軋了，錢沒進來，女中得去坐牢，這樣就害到一個無辜的歐巴桑。而且女中坐牢，周先生連人頭戶都沒了，要開支票周轉債款就更困難了。我很清楚，我最大的目的是要拿錢回來，欠款人坐不坐牢不是我的重點。讓他坐牢，我不見得有什麼好處。

就這樣又過了兩年，每週一張、或是一個月兩到三張支票，我加加減減總共從周先生那裡收到一百多張支票，而周先生也把一千五百萬元的債款還清。回想起來，最不容易的是，我沒有寄出一封郵局存證信函、沒有找律師出面，卻能把所有的債款都收回，一切算是很麻煩卻也圓滿的落幕了。

我還記得那段日子，自己幾乎難以成眠。有時晚上半夜一點才回到家，太太也睡了，我像小偷一樣輕手輕腳，不敢讓太太知道我在外面欠了這麼大一筆錢，那種內外的煎熬很難受。

法律通常是我們這個社會的道德底限和生活的保障，但法律並不能解決所有的問題。像我的預售屋被退屋，這件事我在法律上是站得住腳，不怕對方上法院控告，但訴訟一旦發生，對我的生意並沒有什麼好處。另外像金華街的買地案，這算是詐欺，但上法院打官司一打就要好幾年，就算最後我勝訴，對方也不見得有錢可以還我。只能自己想盡辦法，去把一千五百萬要回來。

其實在金華街購地案這件事上，我也有反省，做這麼大金額的交易，我應該要更小心去調查持有者的背景。我們常會被物美價廉的「商品」所迷惑，而喪失許多該有的理性判斷。我們要記住，通常愈鮮豔、看似愈甜美的野生果實，反而都是帶有劇毒。在購地案裡，我學到的教訓就是不要被眼前的利益給矇騙了，人性很脆弱，那些會去騙人的人，通常就是看準了我們人性中無法迴避的弱點。

在挫敗裡，我們學會處理問題的技能，同時也讓我們看清自己性格上的弱點。

有失敗的買賣經驗，當然也有漂亮成功的交易，只是過程眞讓人提心吊膽。一九八五年，台北四維路有塊兩百坪的土地求售，總價是兩千八百萬，可是增值稅就要繳兩千兩百萬元。台灣的土地交易習慣，是買方先付一筆訂金，等政府的土地增值稅單下來，賣方把稅付清，買方再付餘款。

這塊土地的賣方是旅日圍棋大師，他在日本定居多年，所以習慣依日本的交易習慣，要求一次付清才願意成交。而之後下來的稅單，他承諾會自已繳交。這不符合台灣的習慣，建商擔心萬一錢一次付清了，賣方卻不繳增值稅，變成買方要吸收，總價就高達五千萬，因此全台北市沒有一家建商敢買。

這塊土地的所在地點極佳，形狀方正、又沒有畸零地，我心想一定要買，只好照他的條件，一次付清兩千八百萬。他為了要辦過戶回台灣一個禮拜，我利用這段時間每天陪著他到處跑，他去日月潭、溪頭我都跟著，另一方面還拜託友人用最速件去辦過戶，就是想趕在他回日本之前把手續辦妥。

老實說，我對這個地主並不了解，也不是完全相信他，其實算是一種賭注。但是，做房地產的要訣就是「快、狠、準」。因為當時的價錢是合理市價，並沒有特別便宜。在這麼好的地段，對建商來說已經是一個很好的機會，通常應該會有一百多家建商同時進場競爭，但這次是沒人敢買。後來一推案，早上九點開賣十點半就完銷，連當紅影星胡因夢也買一戶，成了當時著名的指標豪宅建案。

第三章

那些學校不會告訴我們的事

我們透過教育學習知識和技能，卻很難學會忍讓、寬恕、貢獻這些美德。
心中經常存著負面思想，夢想自然難以做大；
對人經常抱著怨懟，就會把貴人當成仇人。
李慶隆想告訴年輕人，懂得從生命裡好與壞的經驗中萃取養分，
才能享有充實又滿足的人生。

如何無中生有，善用資源

錢賺太少，怪老闆；兒子不乖，怪老婆；家世不好，怪爸媽，這是一個充滿抱怨的年代。這幾年以來，年輕人之間最常聽到的抱怨就是：就業困難，薪資低，前途充滿了悲觀，茫茫然不知該走向何處。我認識很多年輕朋友，大學畢業就到一般的飲料店當小弟，每天做手搖茶，一做就好幾年，到現在已經快三十歲了。

雖然職業無貴賤，很多工作都有出頭天的可能，不過，我觀察到許多年輕朋友只是甘於做低技術性的工作，對人生絲毫沒有更進一步的規畫，似乎就打算當一輩子搖茶小弟了。他們給自己的理由是：經濟不景氣，自己又沒有家世背景，能找到這樣養活自己的工作，已經不錯了。

這些抱怨其實我都明白，這是一個夢想愈來愈卑微的年代，手上資源愈少就愈不敢做夢。也有另一種狀況是，明明有夢想，卻裹足不前，像《穿著PRADA的惡魔》這部電影裡面，抱著到《紐約客》雜誌當記者夢想的女主角，卻屈居在時尚雜誌社，每天被惡魔上司百般要求、近乎虐待，賠了愛情，也賠掉了對人性的信任。看完這部電影，我想到的是：從來沒有人要求女主角一定得待在那間她不喜歡的雜誌社，眞正讓她留在原地、不停抱怨的是自己，是她自己阻攔了邁向夢想的道路。

我常想起《聖經》裡有個故事很有名：耶穌在傳福音時，接受了一個小孩奉獻的五塊餅和兩條魚，結果祂用這奉獻來的資源，餵飽了現場五千位猶太人。這個故事在現代看來，可能不符「物理科學」原則，但我認爲，這個故事背後其實是要告訴所有人，我們每個人手上的資源都有限，關鍵是在如何用最小的資源、做最大的事情。

然而，我們手上的資源愈來愈少，要如何做大夢想呢？我很喜歡一位《國家地理雜誌》的攝影師麥可．山下，他已經六十五歲了。記者問他：「你現在已經這個年紀了，怎麼還有體力到窮困的國家拍照？」他的回答是：「我現在膝蓋不好，跟十年前相比，跑不快、也爬不高了，體力是這份工作的必備條件之一，但我的經驗比十年前豐富，人生體悟也比十年前更深刻，這些可以補足我爬不高、跑不快的缺點。」

我很喜歡這段話，我們永遠只看到自己沒有什麼，從來沒有看到自己擁有什麼。我聽到年輕朋友抱怨自己沒資源的事，就常想起我當兵的往事，誰會比我當時更沒有資源呢？

我二十歲時當兵，是我第一次長期離家的經驗，而第一次離家就去了金門。那是一個「風雨飄搖」的年代，剛好美國尼克森總統發布了《上海公報》，將與中共發展正式外交。這個聲明造成金門的情勢很緊張。我還記得在高雄等船時，看著茫茫大海和陰鬱的天候，這麼一去，充滿未知與不安，想到家裡還有辛苦的爸媽，我一定要快點退伍，進社會賺錢，讓媽媽有好日子可以過。這是我望著大海，默默向自己許的願望。

當船靠近金門海岸時，我根本沒法仔細看清楚海岸長什麼樣子，因爲當天砲彈一直打過來，海邊的防風林木麻黃都被打斷了。原來是中共得知我們六十九師在這一天移到金門，就發射了六十九發炸彈。我們躲在防空洞裡，外面傳來沉悶的炸彈爆裂聲，「碰！碰！碰！」的一直響，讓我們都耳鳴了。那些炸彈聲聽起來像是夢裡傳來的一樣，不太眞實。

我是一個從草屯來的鄉下小孩，平常連海都沒看過，第一次與海這麼接近，卻是這麼恐怖的經驗。人的心理有種防衛機制，因爲太恐怖了，大腦就會告訴自己「這是在作夢，不是眞的」。當飛彈聲突然停止，心情被拉回了眞實世界，才知道這不是夢，耳邊只剩嗡嗡嗡的耳鳴迴音，遠處傳來的是對岸的心戰喊話：「歡迎六十九師移防金門。」當下眞不知該哭還是該笑。這種充滿黑色幽默的日子，比夢還超現實。

除了第一天這個「見面禮」之外，這裡的日常生活也十分惡劣。金門是前線，很多軍事單位就藏在地下坑道，連我們睡的軍舍也位在地下碉堡。地下的坑道四季潮濕，夏天襖熱難耐，冬天濕冷的空氣像是千支針往骨頭裡鑽。這裡的牆是濕的，棉被也是濕的，聞到的是撲鼻的霉味，每天晚上整個人像是泡在濕冷的棉花裡睡覺。我當時心想，我如果在坑道裡待一個月，一定會死掉的，因爲我有氣喘。在那個外有飛彈攻擊，內則難以完全放鬆休息的環境，心中的忐忑不安是很折磨人的。

我可以安於現狀，放任自己窩在那樣艱困的坑道，不過，我從來就不是逆來順受的人，也不會逃避問題，有問題就去面對、解決，這一向是我的人生哲學。我心中的第一要務，就是盡快找機會調離坑道，到「地上單位」。然而，我沒有背景，我的父親只是學校老師，我沒有任何親戚是政府官員或將軍，我該怎麼解決問題呢？

首先，我要先認清自己有什麼資源可以利用。有些資源會出現在你想都沒想到的地方，而且不必花任何成本。當時我當的是憲兵，於是我打聽到一位憲兵司令部的高階將官的兒子來金門受訓特師班兩年，我發現這是個機會，於是想盡辦法去拜訪他。見到他之後，我開門見山的說：「我被派到金門，可不可以請您的父親寫封推薦信，請我們的隊長多多關照我？」凡事總是要試試看的。我還問他：「令尊喜歡吃什麼？」他說是蚵仔，金門的蚵仔很有名，我就買了一箱海蚵託他轉送父親。

我的請託對他父親是舉手之勞，最後我們隊長果然收到參謀長的「關照信」，這宛如是我在軍中的第一道護身符。

接著，你**要認清誰跟你有直接的權力關係，然後跟他保持良好的互動**。對當時的我而言，這個對象就是單位的「隊長」。我們隊長是湖南人，很喜歡吃香蕉。但金門沒有水果，所以當太武山上的觀測站一看到商船要進金門，我一得到消息，就開著車子到港口買香蕉，去挑整簍裡最上面、最漂亮的。當時我的薪水是兩百八十元，買一大串香蕉就花了一百五十元。

對於有權力決定你的目標是否能達成的人，付出一點這樣的**小代價是值得的**。我們常以爲資源是你有多少錢、有多少能力，其實還有另一種資源是「關係」。這種資源是「無中生有」的。我們出門在外與他人建立關係，日後有任何需要時，要開口也會比較方便。建立起關係之後，就是你的「資源」了。

我把香蕉交給傳令兵，請他放在隊長的床下。到了當天晚餐時分，我跑去隊長旁邊跟他說：「報告隊長，今天最好的香蕉已經替長官奉上了。」隊長聽了就笑開懷，邊笑邊罵：「你這死兔崽子啊！」我大約兩個月送一次香蕉，算是跟隊長有了不錯的關係。很幸運的，過了不到一個月的時間，金城的單位有缺，隊長就把這個缺讓給我，我終於調離這個潮濕的坑道，換到一個有房舍的單位——金門憲兵隊了。

當時，我達到了換單位的目的，但這不代表日子就可以輕鬆過，我總隨時檢視自己有什麼多餘的能力可以幫助他人，**幫助他人的同時，其實就是在替自己建立日後可運用的資源。俗話說「廣結善緣」，就是這個道理。**

民國六十一年，時任行政院長的蔣經國先生時常到金門前線巡訪，我很榮幸被選為貼身侍衛。經國先生平易近人、很關心前線弟兄們，有一次我陪同經國先生和韓國國防部長在金門擎天廳，觀看韓國影片《火女》，散場時經國先生當面鼓勵我說：「做事情要積極，今天不做明天會後悔，在風雨中生信心。」這兩句話一直牢記在我心中，成爲我的座右銘，幾十年來非常受用。

我當時負責的工作是檢查台灣寄到金門的包裹，當時很多金門商家會從台灣進口香菸再賣給島上的阿兵哥，我們只是負責檢查有沒有違禁品而已。來領貨的商家通常會丟下三、四根散裝的香菸，送給現場的阿兵哥。

除了這些散裝的菸，軍方每個月還配發每個阿兵哥一條「國光牌」香菸。我是菸酒不沾的人，所以就把菸全蒐集起來，分送給隊部八個班長。當年在外島服役，只有直系血親過世才能回台奔喪，除此之外，完全沒有回台灣的可能。而這八位班長常有機會押解前線的犯人回台灣，我看到了機會，這就是我回台灣的可能性了。

我每個月送班長菸，終於等到送犯人回台灣的機會。我說服班長們把這個機會讓給我，因爲他們下次還有機會，而且我每個月還供菸給他們，這個交易對他們來說是划算的。所以，我順利得到一次回台的機會。求推薦信、買香蕉、送菸這些動作，都是我想盡辦法在陌生的環境中，去建立人與人之間的關係。一旦人與人之間有了關係和信任，個人在環境中就比較不容易發生危險。

從服兵役的經驗裡，我學到了善用身邊有限的資源，來達成自己的目的，而這些資源大多是無中生有，自己變出來的。所以，延伸來看，當我們想創業、**想追求夢想，千萬不要因爲自己眼下的資源有限就放棄執行。只要一步一步的腳踏實地，從自己手上有的能力、關係慢慢去拓展，總有一天會美夢成眞。**

保護自己的各種方法

許多年輕人都有離家求學的經驗，對台灣的男孩子來說，二十多歲的服兵役更是離家的一大試煉。現在的「大孩子」們對外在的社會和世界總抱持一種單純、天眞的看法；將善惡放在絕對的兩端，認爲只要對的事，就應該毫無商量餘地的去爭取。我認爲，年輕人嫉惡如仇是一件很好的事，但我也認爲，出門在外最重要的第一要務是「保護自己」，在這個大前提下再去爭對錯。如果連自己都保護不了，最後賠上了一切，下場落得親痛仇快，十分可惜。

保護自己有很多種層面，最直接的就是「人身安全」，記得以前我離家遠行，媽媽都會千叮嚀萬叮嚀要小心車子、不要到海邊，這是老一輩人對遠行遊子安危的掛念。時至今日，社會上有不同的誘惑，老媽媽的「小心車子」「不要玩水」這類的叮嚀已經不能涵蓋「保護自己」的範圍了。

社會愈來愈複雜，如何在濁世裡明哲保身，也成了一門複雜的學問。我曾經讀到一則社會新聞，一位三十歲的辦公室ＯＬ在路上遇到一個男子向她搭訕，問她：「小姐，妳最近是不是運勢不好？」這位ＯＬ心有同感，點頭承認了。男子謊稱自己有通天眼，可以幫她改風水，要她帶他回住處看一下屋內擺設。

女子不疑有他，帶他回了租屋處，男子又說：「妳的運勢太差，需要我跟妳一起睡，壓一壓氣場才有效果。」女子就這樣跟他共眠，並且發生了關係。後來，女方家人發現後報警，由於女子當初是自願發生關係，案子處理起來很棘手。

這個案例告訴我們，雖然我們沒有害人之心，但也千萬不要對這個世界抱持天眞純潔的看法。我鼓勵年輕朋友**多接觸人群，趁暑假多打工，多到其他國家走走看看，就是爲了增加自己的見識。這些見聞與常識會讓我們對身處的環境多一些敏感，就等於少一些危險**。現在。我對於身邊要遠行的年輕人，替他們送行時，我不會說「注意車子」「遠離水火」，只會要求他們：「多對環境敏感一些吧！」

對很多男生來說，服兵役就是一個需要對環境「敏感」的地方。這個環境的殘忍之處，在於一個年輕人需要直接面對權力，如何運用權力保護自己是一件重要的事。然而，得到權力的年輕人切忌囂張、氣盛，我們只是運用人的權力關係來保護自己，不應該濫用權力去壓迫其他比自己弱勢的人。

甚至，我們有機會的話還要適時運用手上的資源去幫助別人，這也是在保護自己。我當兵時，有位同袍弟兄的妹妹在台灣發生意外死亡，他出身單親家庭，家裡的母親面對這個消息已經崩潰，他必須趕快回台灣處理後事，否則母親恐怕會尋短見。然而，當時的軍令如山，回台灣不是件容易的事，每週只有一班船，海相又常不穩，停開是常有的事。而唯一的「老母雞C119」補給飛機只給校級以上的軍官搭乘，當年金門有十萬大軍，怎麼輪也輪不到我這位弟兄搭機。算算，他根本來不及回台處理喪事。

這位弟兄每天愁苦著一張臉。那個年代，人在外島，家裡卻發生變故，真的是叫天天不應、叫地地不靈，在前線自殺的例子時有所聞。這位弟兄遭逢變故，卻完全不哭，這是我最擔心的地方。不哭也不發洩的人最容易尋短，所以我天天找藉口接近他，陪他聊天，但這不是長久之計，我也肩負軍中業務，不可能一直分心照顧他。

突然，我有個靈感閃過，想到了一個方法送弟兄回台灣了。

我在金門當憲兵，除了在路上抓服裝不整的放假阿兵哥之外，還要半夜突襲抓賭博。某個夜間，我接到線報，知道機場有幾個老士官長在聚賭。我帶隊夜間突襲，果眞抓到兩個士官長帶頭聚賭。士官長的單位連長一知道消息，連忙趕過來道歉，我拍拍隊長的肩膀說：「這事情到我這邊爲止，這幾個人，你自己帶回隊部處罰。」接著，我話鋒一轉：「可是，我有件事情想請連長幫忙，我們有個弟兄要回台奔喪，能不能想辦法安排機位給他……」

連長面有難色，畢竟機位非常珍貴，連軍官都不見得排得到，何況我們這種沒沒無名的小兵。說服他人也要設身處地爲對方著想，不要勉強、逼迫對方做辦不到的事，切記別弄得兩敗俱傷。**各自退一步，找出共同的利益，才是解決事情的方法**。我拍拍連長的肩膀，兩人相視而笑。經由我的安排和連長的協助，終於順利讓隊上弟兄上了飛機，返台奔喪。

到了當天，飛機降落前夕，金門卻下起大雨，飛機跑道上積滿了泥水。我接到飛機可能不能降落，航班要取消的消息。這怎麼行呢？我已經醞釀這麼久了，豈能功虧一簣？我馬上通知步兵連的連長，請他出動人員去清跑道上的汙泥。連長二話不說，派了上百人，人手一隻掃把，半小時之內就把飛機跑道上的泥沙清乾淨了，航班正常運作。

爲什麼我要千方百計幫這位弟兄？他能不能回台奔喪又與我何干呢？其實是有關的，如果他不能回台奔喪，心情鬱悶，發生自裁或是拿槍掃射同袍的事件，受害的還是我。所以，幫助他人有時候也是替自己建立起一道防護牆。

而在那最緊要的關頭，步兵連長的幫忙簡直是最關鍵的臨門一腳。他爲什麼願意幫我？因爲過去我也經常幫他。憲兵隊常常抓到一些小違規的士兵，我那時想出了一個辦法，因爲這類小型違規大多不會往上報，我就請單位連長假日帶著違規小兵到憲兵部操場做基本操演，來取代呈報記過處罰。

這其實是兩全其美的做法，如果違規事件一直往上報，對我們來說是在外結怨，還要增加公文往來的處理業務。將這些小違規轉成連長帶兵操演，他們樂於配合，而且也達到處罰的目的。那個年代的人心單純，連長親自帶違規士兵到憲兵隊做操練，對他們來說已經是件很沒面子的事，會因此而帶來警惕的效果。

而我做了人情給連長，當我需要協助時，只要不是太過分的要求，連長們通常都會樂意幫忙。我始終相信人性有良善的一面，今日助人一臂之力，他日必受到加倍奉還。所以，**幫助他人不僅是爲自己築防護牆，同時也是在**

開拓各種後路，因爲你無法預料何時會需要向他人要求幫助。就像宮廷劇《甄嬛傳》裡的知名對白：「只有有價值的人才有活下來的機會，做一個可利用的人，安於被利用，才能利用別人。」

不過，牆築得再高再多，仍然會有縫隙。尤其憲兵這個兵種常要登記違規小兵，在外常會招人怨。有一回我帶班上三位弟兄走在金門街上巡查金城，結果在暗巷裡被數名壯漢圍毆，還好我反應快，對空鳴槍，大漢們才趕緊閃人。我在現場撿到一張他們遺留下來的證件，原來是金門俗稱水鬼的蛙人部隊。

這事可大可小，於是我親自上蛙人部隊溝通。他們的主管是四十幾歲的校級隊長，我則是二十出頭的小兵，但我堅信有理走遍天下，我眼裡看到的不是軍階、不是年紀，而是「理」這個字。而對方也是一個很明理的人，我們達成協議，不追究鬧事者的責任，表面上看來是我們被占了便宜，其實是我們把人情做給了對方。對方承諾不會再找憲兵隊任何麻煩，看到憲兵隊在外巡查的時候，蛙人弟兄也會主動迴避，避免正面衝突的可能性。直到我退伍，原本關係緊張的蛙人部隊和憲兵隊再也沒有發生任何衝突。

學會與他人溝通，是保護自己最重要的技能。通常掌控「生殺」大權的人，都是年紀長我們許多的長輩，跟這些權高位重的長輩溝通，我一向秉持的原則就是：一是坦誠的陳述事實，不要加油添醋；二是我很尊重對方，不要讓對方覺得我是來找碴的，盡量不要爲難對方、給對方壓力，畢竟大家坐下來談就是要解決問題，不是來比誰的拳頭大。

沒有任何背景的人，要如何在軍中這種險峻的環境中保護自己？這不是嘴上說說而已，我認爲，跟你自己的長官、同輩和下屬三種對象保持良好的關係，就是確保自己的安全。離開軍隊，這個原則在職場上也很管用。

在任何環境一定都有比你年長的主管，也有同輩和晚輩，和他們維持良好關係準沒錯。

在長輩方面，我很清楚我沒辦法跟長官對抗，小蝦米對大鯨魚一定會很慘，所以保護自己的方式就是要「順從」，如果執行上有困難，可以坦白跟長官誠懇、實在的報告，或是請同輩來幫忙，不要一個人硬幹，這樣是沒辦法解決問題的。

不要讓自己涉入危險的人際關係裡，該低頭、該身段軟的時候一定要做足，而該據理力爭的時候，也要堅持立場，軟硬兼備。在資源有限的時機，主動去創造資源，並善用手上的資源，不僅幫助別人也保護了自己，這是我一輩子受用的經驗法則。

小小的夢想，實際的行動

永康街每年都有很多創業開店的人，各種店有不同的展店秘訣。這幾年來，我看到愈來愈多年輕人創業，他們有的開小咖啡店，有的開小麵攤。很多人說，這個年代的年輕人夢愈做愈小，但所有偉大的理想，不也都是從一個小小的夢想開始的嗎？只要有實際行動的開始，夢想再小都無所謂。

我得承認，在我年輕的那個年代賺錢比較容易，只要願意比別人多花一點時間和力氣，就能累積財富。當時台灣的經濟剛起飛，房地產的價格一夕數變，我算是有掌握住時代的風頭，順著風勢往上飛。

而時至今日，從二〇〇九年金融海嘯之後，全球的經濟都處於緩慢停滯的狀態，台灣也難逃這樣的狀況。青年的貧窮問題不只在台灣，從美國到日本都有類似的狀況。因此，這是一個比過去還艱困的年代，一味去指責年輕人的成就不如上一代，這是不公平的。

不過，有些普世性的職場心態，我還是可以用過來人的身分，稍微給一些建議。

首先，**就業時要對自己進入這家公司的目的十分清楚**。終身聘用制在九〇年代已經成爲神話，不要以爲進入一家公司之後，就打算一輩子做到退休，必須要有明確的階段目標，比方說你想在這家公司培養出什麼能力？有了這樣的能力之後，你又預計跳槽到什麼公司？這一步一步都要規畫好。

很多年輕人血氣方剛，最常發生的問題就是跟主管有爭執。這時候，你要有一個正確的心態：面對上級主管，心態要服從、要尊敬，你要想一想自己爲什麼進這家公司，你是一張完全空白的白紙，是來汲取經驗的，所以需要這些主管傳授經驗給你。如果你態度不好，還想要學什麼？

有些主管脾氣不好，但很有才華，所以要忍耐。如果眞的待不下去，也不要得罪他們，編個理由走就可以了。

以我來說，我很早就把目標訂好了，所以該做的事就是想盡辦法去達成。我當年並不只甘於當一個工友，但公司沒有限定我要做什麼，所以我就自己去做市調。自己要會想，還要實際去執行。很多年輕人有想法卻沒有做法，等於是零。

我還記得，我把賺到的第一筆錢寄回去給父親，結果他卻退回來給我，還附了一封信，大意是說：「我只是一個小公務員，在學校當老師，沒有錢幫助你做生意。你今天上台北賺的錢，是你自己賺的，我不會跟你拿，但你失敗的話，我也沒辦法拿錢給你。」

我很了解我爸，他這樣的想法一點也沒錯。他把我扶養到二十歲，二十歲之後就看我自己的造化了。我常在公園看到一種五色鳥，牠們在樹上築鳥巢，公鳥和母鳥用嘴在樹上啄洞，啄到嘴都爛掉了。牠們一窩生一到三隻幼鳥，母鳥把巢整理得很乾淨，用嘴去叨排洩物，還餵幼鳥吃東西。不管颳風下雨，都把幼鳥保護得很好。

但後來我有天經過時，看到幼鳥在學飛，幼鳥一飛出巢，就再也不會回頭。我想這鳥也太無情了，一點眷戀也沒有。後來我查了資料，原來這些幼鳥就算飛回老窩也沒有用，因爲爸媽已經不在舊巢，只剩一個空巢。所以，這些幼鳥一旦離巢，哪怕遇到再大的困難、小命都快不保，也沒辦法再回到父母溫暖的羽翼之下了。某種方面來說，我就跟這些五色鳥一樣，沒有退路了。隔了這麼多年再回頭看，我反而很感謝父母把我丟出巢外。

年輕人在外闖蕩事業，其次要注意的是如何面對誘惑。誘惑不只是職場上金錢、物質的誘惑，其實還包括了各種生活的欲念、細節。像是我已經好幾年不吃臭豆腐，我知道這種小吃非常美味，但油炸的食物對健康一點好處都沒有，所以我能不吃就盡量不要吃，常常怕自己控制不了食欲，總是聞個幾下味道之後就趕快避開。很多人說偶爾吃一次有什麼關係，不行，有第一次就有第二次，一次都不行。就跟抽菸一樣，常常會聽到別人說：「來來來，同學嘛，抽一支嘛。」我一定會堅定拒絕，其實真的沒有那麼難。

再者，**年輕人在職場上的經驗不如人，所以更要懂得包裝、行銷自己**。像我本來是工友，人家開會，怎麼會有你開口的餘地呢？所以，我要把握機會，當他們開會討論一、兩個小時都沒有結果，我就跑過去報告總經理，我有這樣那樣的想法，所以總經理很高興，馬上升我當開發部經理，後來又轉業務部，再來是營業部。我才二十一歲，就帶領四十五個職員。

我年紀這麼輕就當上主管，下面的人年紀都大我十幾歲。我開會時常跟大家講，你如果只看我的外表和年紀，一定會心理不平衡；如果你看的是我的能力而不是年紀，你一定會佩服我。我對自己的能力非常有信心。

另一個同事佩服我的原因是，我每個禮拜天都來公司上班。當年勞動規範沒那麼完整，公司也沒付我加班費。我沒有交女朋友，滿腦子就是工作，沒有別的念頭。雖然沒有領加班費，我也願意去做，因爲我眼前這條路是單行道，沒有退路，我要以最快的時間達成目標。既然要達成目標，就不要計較吃苦。

我對工作的投入超乎大部分人的想像，我連老婆都是在工作上「順便」找的。

當我自己開公司時，沒有機會交女朋友，但也到了適婚年齡。當時公司要聘八位櫃台小姐，其中一位是會計。來應徵的有八百位。我就利用三天面試這八百位小姐，而面試的同時，我也順便物色結婚對象。最後，我娶了被我面試進來的會計。

我一直認為，英雄出少年不是壞事，但少年英雄要注意一些事，第一是不要驕傲。第二是不管賺多少錢都要隨時假設自己口袋裡沒有錢，不能放鬆。不這樣做的話，你就會心高氣傲，影響自己的成長。

自從我們四個兄弟姊妹上來台北之後，我的父母就在鄉下過著閒散的生活。當時我父親領了退休金，日子也沒有經濟壓力了，當年還在拚事業的我，十分羨慕父母那樣的生活。不過，如果退休的那一天眞的來了，我其實也很怕自己沒辦法整天不做事。對於我們這種拚了大半輩子的人來說，退休的無所事事恐怕才是人生最大的折磨。

年輕人創業時心理上要有準備，剛開始一定會很辛苦，要咬緊牙關，面對時間或是金錢的壓力。不過，時代不同了，也不要把門檻目標定得太高。在我們那個年代，各種客觀環境的條件相輔相成，賺錢較容易。但在這個年代，你千萬不要替自己訂太高的目標，這是在打擊自己的信心。目標設定要務實，不要好高鶩遠。

創業最重要的就是務實，務實的看市場需求、務實的尋找資金來源。現在台北市政府的青年創業貸款從一百萬提高到兩百萬，這也是一個很好的機會。而**在創業之前，要找各種機會去接觸社會、體驗各種生活經驗，**像是從高中到大學的寒暑假，一定要多多去打工。

打工可以讓你有各種體驗，就連被主管罵也是一種經驗。我以前剛到公司上班時，也常常被主管罵。我對於被罵有高度抗壓性，是怎麼都罵不倒的，這跟我的童年經驗有關。我們家有四個小孩，我和哥哥每天晚上就坐在父親的旁邊寫作業。父親坐在中間，哥哥坐他右邊，我則坐左邊。只要父親教英文或是任何功課而我們寫錯，就用手掌朝我們腦門巴下去，還罵上一句日語：「八格野鹿（笨蛋）！」我從小就是在這樣打罵教育中成長，你問我尊嚴二字，我還眞的不知道怎麼寫。

就連去當兵，進憲兵學校第一天，你還不能用走的進禮堂，是要趴在碎石子地上慢慢爬過去的。每位排長還都是跆拳道高手，叫你都是用腳踢你，或是舉起腳踹你的脖子。我記得有一次，有人上廁所沒有沖水，所以排長命令大家吃飯前用手去沾大便，然後站在操場上，把手指放在鼻子前面聞二十分鐘。二十分鐘後，大家洗手吃飯，但是根本就吃不下了。所以上班時董事長或總經理罵我，我都覺得太客氣，根本不算是罵。因爲憲兵學校六個月的受訓，簡直是地獄般的生活。

不過，學生打工並不是要求自己賺多少錢，尤其大學生經驗有限，賺到的錢也有限。我也不太贊成大學生去工地做勞力工作，那些工作一時之間是可以賺到錢，但那只是付出勞力，並不能累積經驗。**暑期打工的目的之一是自我挑戰、吃苦。其二則是學習與人互動**：跟主管、同事間的互動，對上對下怎麼跟人溝通。**其三是學習在各種狀況下，如何保護自己**。

對於未來的創業，年輕人也不需要預設立場。選擇創業的方向，主要就是看自己的興趣還有對自我條件的客觀評估。比方說，有些職場是跟外表有關係，很多女孩很會唱歌，但外表不夠出色，要在演藝圈走紅就比較辛苦。要挑選適合自己特質的，本身又有興趣的業種。創業沒有大小之分，只要踏出第一步就好了。

成功店家的寶貴經驗——體驗生活，找出需求

我們生存的世界，是一個競爭的世界，稍微一不小心，就會被時代所淘汰，世界的變化通常出乎我們意料之外。就好比我們現在吃的米，跟三十年前吃的米品種有很大的不同。過去的米長得比較矮小，稻桿比較細。後來科技發展，人們開始用機械收稻，爲了配合機械，米種改良成稻桿較硬的品種。而在品種改良的過程，那些細稻桿的品種全被拋棄了，而且一去不回，現在很少找得到當年的稻子品種了。

這就是我們所處的時代，事物變化就在一夕之間，而且大多一旦變化之後再也不回頭。我們做生意也是如此，消費者的口味一直在變，這種變

化常常也是一去不返的。以我們永康商圈爲例，最早的名店是鼎泰豐小籠包，他們是賣油起家的，一開始也不是賣麵食的。他們位在信義路上，是整個商圈的入口。原本只是店面騎樓的一個小攤，但他們精進產品，從油品跨足到食品，從最早的小籠包，現在還開發出炒飯、雞湯等菜色，都十分具有特色，是店裡的招牌菜。

最爲人津津樂道的是，鼎泰豐對每顆小籠包都有嚴格的控管，每顆都有十八道皺褶。不過，如果你早年吃過鼎泰豐的食物，和近幾年再吃做比較，一定會發現他們的菜色不斷在做微幅的調整，愈走愈精緻，愈做品質愈穩定，並不會因爲《紐約時報》等知名國際媒體推薦之後，就自我鬆懈了。

時代往前走，做餐飲的也要跟著往前走，不能停下來。

整個永康國際商圈幾乎是跟著這些名店一起成長。鼎泰豐成名後，成爲日本觀光客每來必訪的景點。而當年的日本觀光客還有個套裝行程，吃完小籠包會往永康街走進來，到永康公園附近的「冰館」吃芒果冰。

日本人有一種値得驕傲的民族性，可以在大太陽下排隊半個小時，只爲了一碗芒果冰，這很不容易。日本沒有生產芒果，就像我們很愛吃日本水蜜桃的道理一樣，日本人很愛吃台灣的芒果。

其實剛開始，冰館的生意並不出色，只是一家普通的冰品店，一天營收只有兩千元。冰館老闆當年很年輕，對各種新的創意接受度很高，不斷在研發吸引人的冰品。

老闆很用心做生意，想做一些不一樣的商品。某天，有個日本觀光客跟他說：「你們台灣不是有芒果嗎？怎麼不做芒果冰？」老闆隨機應變，當場憑自己的想法做了一盤出來。日本人覺得很好吃。

一開始，芒果冰只是簡單的刨冰加上糖漿和新鮮芒果切片，但老闆並不以此爲滿足，不斷的改良，爲常見的芒果冰加了一點小創意，比方說中間加了一球冰淇淋，還淋上特別的獨家配方糖漿，所以一碗冰有各種滋味，一吃就很有滿足感。

而這種小店一旦生意好，就有其他的挑戰出現了。比如一到了夏天，台北市衛生局和消基會會來店裡抽查生菌數，結果數次都超過標準。我也陪著冰店的老闆跑了幾次政府單位，想要改善狀況。

我一向是正面面對問題，不會迴避。做冰品的生意，的確很容易在製作過程稍一不小心，就造成衛生問題。這是幾乎所有現做冰品店都要面對的問題，不過，冰館當年的規模已經夠大，可以透過中央廚房供應冰品。

於是，我建議冰館老闆在店的旁邊成立中央廚房，統一控管製作過程，一方面自己可以藉此建立一套自我檢查的標準，在衛生局來抽檢時，就能掌控冰品的衛生問題；另一方面，中央廚房可以控制每份做出來的冰品都有相同的味道和品質。很多人以爲當年的生菌數事件對商家是個打擊，但其實因爲這樣的抽檢，讓商家有機會面對問題、解決問題，提升自己的競爭條件。

曾有位日本人說過：「永康街的芒果冰會說話，永康街的拉麵會跳舞，永康街的小籠包會連續微笑十八次。」日本人來台北如果沒吃芒果冰和小籠包，會覺得像是沒來過。如果你站在永康街上看這些日本遊客吃冰，你可以發現他們會拿手機或相機拍照，表示芒果冰不僅是好吃而已，還是一個值得拍照留念、跟朋友分享的「景點」。一個小冰店能做出這種成績，非常不容易。這些觀光客大多是三到四個人吃一盤，當時一盤八十元，一個人平均分攤二十元，對日本遊客來說是俗又大碗的享受。

外國人喜歡來永康街，有一個很大的原因是我們不髒亂，人一進來感覺是舒服的，有老樹，有古蹟、老房子可以逛，還有很多「文青」特色咖啡館，整個氣氛是悠閒的。而我們的產品從小籠包、宜蘭地方小吃到芒果冰，都是很有特色、不可取代的。就連全台灣隨處可見的牛肉麵，也唯獨我們永康街的牛肉麵可以揚名海外。我們是一個海島國家，即便只是做一間小小的餐廳，也都要放眼國際，市場才會大。眼光多遠，世界就有多大。

芒果冰和小籠包的老闆都不斷創新產品，多樣化的產品才能持續不斷吸引客人。而這兩家名店，就成爲商圈發展的「帶頭羊」。

這些成功的店家當然很努力工作，至於所謂的努力，並不是整天把力氣花在「開店」。這些成功的老闆，並不只是會埋頭做菜而已，他們會適時停下腳步，想想有什麼需要改進的地方？消費者需要什麼？整個市場未來的趨勢是什麼？

像新加坡知名主廚江振誠，他幾乎把所有的時間都花在餐廳經營上，但他並不是一天十幾個小時都待在廚房裡工作，每逢中午午休到晚餐開始之前，他會先讓自己靜下心來，寫寫菜單，看看今天的食材如何。我認爲，**要成功，就得先有時間讓自己停下來，想一想、看一看，再決定下一步怎麼走，而不是一味的向前衝。**

這些永康商圈成功的店家，就是懂得停下來看看消費者的需求，然後花時間去開發新的產品。因此，我常跟店家說，在永康街做生意要自我要求，像中午十二點營業到下午兩點，兩點到五點之間有三個小時空檔，我會建議老闆先用一個小時睡個午覺休息，其他兩個小時好好思考一下新的產品。如果你希望在永康商圈賺錢，你必須跟上這裡的腳步，否則很容易就被淘汰。

我們平日上班都有壓力，一個人壓力大的時候，細胞就被壓得扁扁的。

禮拜五、六的晚上，客人一進來永康商圈消費，無論是吃芒果冰、牛肉麵還是喝咖啡，都會讓他們整個放鬆，細胞馬上由扁的變成圓的。一個想讓顧客放鬆、滿足顧客需求的店家，必須放慢腳步，才能細心察覺顧客的需求。

我對商圈老闆們的期許有兩點：一是做好自己的財富隨時會歸零的準備，不要因爲現在做得成功，就因而自滿、不知進步。二是有空多出國看看、考察一下，例如中國、新加坡、香港。不一定是模仿，是透過看到新的產品來刺激自己。我會看別的國家的店家怎麼服務客人？設計裝潢如何？也包括外觀和招牌。擺盤如果是照二、三十年前的品味，擺出來就不吸引人。最重要的還是產品不要一直一樣，每隔兩、三年就要做調整。

現在消費者膩得很快，商家一定要快速適應這些變化。永康街上有些三、四十年的老店，但是老歌新唱，產品都不斷在做變化。例如我們商圈有家賣大餛飩的店，以前李登輝當台北市長時最喜歡吃這家，老闆把麵端出去後，會透過麵攤的小窗口看客人吃麵的速度，如果沒有吃完，會主動去關心消費者：是不是口味不合？還是哪裡不好？問完之後得到了意見，然後下次再改進。

試想，如果這位老闆只是急著賣麵，只講求麵賣出去就好、翻桌率高，講求一個小時可以賣出多少麵，而不去花時間觀察顧客的行爲，那他的產品就得不到顧客的反饋意見，也就不會進步了。

現在的世界已經不同了，**埋頭苦幹不見得會成功，年輕人反而要多多體驗人生與生活，才會發現生活的需求是什麼，進而從這些需求裡找到致富的關鍵**。我常常跟我的員工談到幾個發明的小故事，這些小發明改變了人類的生活，但這些影響巨大的發明，卻都是從生活的小細節發展出來的。

像可口可樂一開始是玻璃瓶裝，搬運時容易破損，也不好攜帶。有位小男孩寫信給可口可樂公司，希望他們能發明小包裝又方便攜帶的可口可樂。公司的人當成寶貴意見，根據這位小男孩的需求，發明了易開罐。如果當時他們只執著於賺錢，沒有停下腳步看見這個小小消費者的需求，也就不會花時間解決問題，就失去機會創造更多的財富了。

停下腳步，給自己一點時間，這樣的原則不僅適用於做生意，也同樣適用於生活。現在的年輕人屬於兩種極端：一種是宅在家裡，受盡父母的各種保護；一種則是急於成功，把大部分的時間花在工作上的工作狂。缺少與人的互動當然不健康，但是生活裡只有工作、沒有休息也是不健康的。

生活中的問題，要從生活裡找答案

所有的問題都是來自生活，而這些問題的解答，也同樣是從生活裡尋找。我做房屋仲介時，在談價格之前，都會先要求跟該物件的家庭主婦聊一下。通常一家之主只負責把錢賺進來，而女性的心思較爲細膩，家庭的理財大權就落在她們身上，所以通常決定一間房子要賣多少錢，約八成是由女主人做最後決定。

而這家房子的底價多少，你也可以從「生活」裡去尋找答案。像我就是從主婦下手，隨口聊起：「欸，某某太太妳這部冰箱很棒耶，可不可以讓我看一下裡面？」通常這些家庭主婦都不會拒絕，而開她們的冰箱做什麼呢？當然不是看他們家吃了什麼東西，而是觀察冰箱裡面物品的擺設。如果裡面擺設整齊，絲毫沒有雜亂無章，甚至除了整齊之外還做了分類，通常要是這種主婦開價一百萬，你能殺個五到十萬就要趕快買了。因爲她整個思路都很有條理，所以殺價幅度不可能大。

相反的，如果進去一個家，看到他們的客廳、餐廳、廚房還有房間都缺乏整理，冰箱也亂七八糟，那他們開價一百萬就可能可以殺到八十萬成交。背後的道理很簡單，如果對方是一個做事很井然有序的家庭主婦，這種人會把賣房子當成一件很大的事，她會很詳細去調查自己的房子值多少錢，開價也會較實在。而那些擺設雜亂的人，賣房子之前比較少去調查，這些人的決策方式一切都是聽別人說、靠感覺，變化比較大。

這就是從生活去觀察、找答案的例子。而我在永康商圈這些年，也時常是從生活中的人性觀察去解決問題，而這幾年我最常遇到的問題就是油煙、噪音和環境衛生問題。

在所有的問題裡面，油煙算是最好解決的，只要肯花錢，一台上百萬的濾煙設備幾乎就能解決大部分的油煙問題了。不過，如果遇到少數不肯花錢的店家，就會一而再、再而三被鄰居檢舉，糾紛不斷。所以，在油煙的問題上，我必須說服的對象其實是店家，而不是居民。

噪音問題則是另一種狀況。我曾經協助商圈內的一家「兔子聽音樂餐廳」解決問題，前前後後協調了五年，才逐漸解決。這家店的負責人是一位三十多歲的老闆娘，一開始開店時沒有添購太精良的隔音設備，因此在廚房洗碗的聲音常常吵到鄰居，所以被人檢舉連連。

附近鄰居曾經一度要她結束營業。我了解這家店，他們店裡的音樂和餐點有其特殊性，比較偏向獨立音樂，吸引了很多愛好音樂的客人來消費，其實是增加了這個商圈的藝文氣息。如果適度的引導和解決，對整個商圈反而是正面的加分。

每發生一個檢舉案，我就親自陪她跑，不斷跟住戶溝通。如果有噪音，我們就在牆上加裝吸音海棉；工讀生在洗碗，或是大聲聊天、吵鬧，這個也一樣可以透過溝通，由店家約束自己工作人員的行爲。我們一個一個去說服住戶，一個一個去聆聽住戶的生活需求，進而調整店家的營業時間。比如說到了晚上，居民都回到家準備休息了，音樂餐廳放的音樂就會比較柔和。彼此互不干擾，就是雙贏的局面。

如今，這家音樂餐廳已經營業超過十年了，鄰居對它的抱怨已經幾乎沒再聽說了，甚至還拓展了其他分店，對商家和住戶來說都是最好的結局。

所有的商圈問題，最難解決的就是髒亂和衛生。雖然，永康商圈已經擺脫低廉的夜市惡名，但做吃食的難免會產生環境髒亂的問題，比方像廚餘引發的蟑螂、老鼠問題。這幾乎是全世界的廚房都必須面對的「害蟲」，並不是永康商圈獨有的「特色」。

我和協會的人一起研究：出現老鼠和蟑螂的關鍵是什麼？原來是餐廳營業留下的廚餘。這些廚餘易孳生蟲鼠，所以我參考國外的例子，建議商圈內的商家每天都要處理掉當天的廚餘，不要堆放好幾天才拿去丟，也就是「廚餘不落地」。一旦落地就有可能引來蟑螂老鼠，而一有了老鼠，就會咬破這些廚餘袋，不僅危害衛生，也容易帶來疾病。如果商家不方便每天清理廚餘，我會建議他們買急凍冰箱，把那些當日來不及倒掉的廚餘放在冰箱裡，這樣不但沒有異味，也不會招來害蟲。

對社區居民來說，一看到髒亂的蛛絲馬跡，他們最簡單的方式就是打市民專線去檢舉。這裡不是西門町，不是百分百的商業區，而是住商混和，所以我當了十五年理事長，每天都有來檢舉、需要協調的糾紛。

我最常聽到的檢舉就是：「理事長啊，眞抱歉，我走過永康公園看到老鼠，我覺得就是因爲那家餐廳的關係。」但是，老實說台北市的哪條地下水道沒有老鼠？本來偶爾就會有老鼠跑上來，但我們不能這樣實話實說。

我都會想辦法先安撫：「謝謝你的指教，我們一定會要求店家老闆，廚餘和垃圾要包好不落地，關店兩個小時之內處理完。」這雖然是安撫之詞，同時也是我們永康商圈大部分店家處理廚餘的方式，所以蟲鼠的影響已經降到最低的限度了。我常形容我們的商圈是一個卸完妝之後也一樣漂亮的女人。老鼠蟑螂不可能百分之百滅跡，但可以改善百分之八十。

除了這些問題之外，我們商圈偶爾也有年輕人來創業。我很歡迎這些「新血」，每次看到新的店家，我的心情都會充滿期待，這代表我們社會的年輕人還是很有活力。新的年輕人通常能爲商圈帶來更新的刺激。

然而，年輕的創業者籌措資金卻經常會遇到困難。我就曾遇到一群進我們商圈開咖啡館的年輕人，有天我經過他們的店面，發現已經動工好一陣子了，店裡怎麼沒有動靜？我一問之下，原來是貸款還沒下來。金錢總是讓英雄氣短，我跟那群年輕店主說：「沒關係，我先借你們一些周轉金，不算利息，該做的裝潢、該進的貨物原料都趕快去進行，不要爲了錢影響進度。等貸款下來了，你們再還我就可以了。」

他們一開始覺得有點遲疑：「這樣好嗎？」「爲什麼這個人願意做這種傻事？」在這個社會上，無所求的行爲常常會讓人側目。經我一番勸說，他們才接受了這份好意。我們協進會也會輔導年輕人創業，像是台北市政府的都市發展局、商業處、產業發展局都有開設輔導創業的課程，提供協助，創業者可以透過協會安排。另外市政府爲年輕人準備的創業貸款金額，也在我的建議和爭取之下，從過去的一百萬增加爲兩百萬元。

金錢是創業的源頭，但對環境、產品的敏感度，才是生意長長久久的關鍵。二、三十年前的永康商圈，賣的通常是在地小吃。後來出現了「呂桑食堂」，賣的是宜蘭小吃。另外還有「喫飯食堂」，打的則是台式料理。兩家的知名度不斷提升，現在都是永康商圈的名店，開業也都超過十五年了。爲什麼消費者對呂桑食堂和喫飯食堂的接受度很高？因爲花一百五十元就能享受到各種不同的多元化菜色。

而像冰館的前老闆娘，現在已經不做芒果冰了，而是研發新的產品：芒果冰沙和奇異果冰沙。我吃過，還滿厲害的，而且已經打開歐洲市場、進軍國際了。這個機緣是在二〇一一年時，比利時有家麵包店要在亞洲開第一家門市，選定在永康商圈，因爲相中這裡美食的知名度很高。

前老闆娘靈機一動，就把芒果冰沙跟比利時麵包結合，爭取到麵包店的台灣代理權，不僅如此，她也同時跟麵包廠牌談定，藉由這個品牌的通路店面把這兩種冰沙推到歐洲。這家比利時麵包店的歷史有七十年，店面有四百家，其中一百五十家會引進芒果冰沙，陸續還會研發百香果、荔枝等六種口味。她的腦筋動得很快，做得非常成功。

這幾年，台北房價飛漲，加上永康商圈的成功經驗，這裡的店面租金也開始跟著水漲船高。我給店家的建議是：假設你的毛利一個月是一百萬，那麼先估算百分之十五當租金，也就是說，一個月大概支出十五萬的租金。然後，一切還是取決於店裡的商品品質，生意好是因爲產品夠好，而不是純粹的地點問題。

購屋與理財的重要觀念

做了這麼多年的房地產開發工作，我不知看過多少房子和客人。在這個房價飛漲的年代，很多人認爲與其買房，不如把錢拿來做其他的運用。對於這樣的看法，我不太能認同，土地在台灣是稀有「資源」，大部分的資源都能靠進口，像是石油、煤礦，但土地跟這些能源不同，它是無法進口的。

不管外資多熱，錢如何來了又去、去了又來，終究沒辦法抹滅的一個事實就是台灣地小人稠，可利用的土地最終都是有限的，尤其是台北市。我想，手上資金不多的年輕人或許不必急著下手購屋，但把購屋設定成自己的人生目標是必要的。

購屋需要看大環境：都會區方圓一公里、偏遠地區方圓五公里，四周的環境有沒有什麼嫌惡設施？（編按：部分民眾會想要迴避的設施，例如高壓電塔、特種行業、垃圾處理場……等等。）前幾年流行到鄉下農村買地蓋農舍，結果沒注意附近的稻田會噴灑農藥，順著風勢就飄進屋裡，造成很大的困擾。這種大環境的影響，很重要卻也很難發現。

要看大環境，除了親身去走動看看，也可以運用google的地圖，用俯瞰的方式縱觀整個地形、地貌，所有的設施都一覽無遺。除了在地上看，從空中看也很重要。此外，購買山坡地的住宅，也可以上一些相關網站查詢，比方說台北市的「大地工程處」就設有網頁，標記各地的順向坡、曾經發生土石流的地段。這些資訊都公開放在網站上，買屋時可以自己上網查。

至於小環境，比如學區、社區的設施等，也必須勤走幾趟，在不同天氣、不同時段去實地觀察。其中，鄰居的素質是最難觀察的，所謂「千金難買好鄰居」就是這個道理。我自己買屋，就曾經買到鄰居太吵造成居住糾紛的物件，最後我也只能摸摸鼻子，選擇搬家。

觀察鄰居的素質有個小秘訣，就是看樓梯間的擺設，不管是電梯大廈還是老公寓，這個法則幾乎都通用。如果看到每戶都把鞋子亂擺在門外的樓梯間，代表這裡的鄰居比較自私，不關心大樓的公共事物，日後房子有任何類似維修或保養的問題，很容易有人擺爛不付錢，這樣的鄰居會造成後患無窮。

此外，也可以觀察通道有沒有堆放雜物，如果雜物多，不僅在急難時逃生困難，也意味著管理委員會的功能不彰，這樣的房子通常鄰居之間的糾紛、是非也多。最難防範的是鄰居的生活習慣，比如噪音問題，這個也許能跟管理員或是其他鄰居探探口風，像是樓上是住怎樣的人家？小孩幾歲了？你也可以觀察他們外面的鞋櫃擺設，有沒有學齡前的小孩的鞋子，或是門口有沒有停放玩具腳踏車。通常五、六歲這個年紀的小孩是最無法控制的，只會順著自己脾氣哭鬧。所以如果對聲音很敏感的人，也要盡量避免跟家有幼童的人為鄰。

不管是針對大環境還是小環境，網路討論區也是一個可以蒐集資訊的地方。比方說很多人怕買到凶宅，其實在網路上就查得到。不過，網路上的資訊也要小心真偽，常常是有心人挾怨報復，消息真真假假也說不定。但上面的資訊還是多少有些參考價值。

比如你看上某一區的房子，就觀察網路上對該區生活的各種討論，而不光只是看房屋買賣的討論。這種生活細節的資訊，網路上可以找到很多，也比較真實，甚至細微到哪條巷子每天晚上什麼時間有人出來餵流浪貓狗，這樣的消息也有。而社區間最大的消息集散中心就是里長了，買屋前跟里長聊一聊，因爲他們也算是「爲民服務」的公僕，大多很願意吐露，甚至可以套問出賣家缺不缺錢、急不急著賣，這些訊息都會成爲日後與屋主談判價格時判斷的材料。總之，買屋是一筆大錢，做足功課、多看多問是不會出錯的。

現在年輕人很流行揪團買房子，這是個好方法，團結就是力量，因爲人數多，價錢比較好談，可以殺價的空間更多。而且更多人集思廣益，會讓衡量的層面更周全，不至於因爲衝動就買下一間不適合自己的房子。就連日後的裝潢，也因爲大家是一起買的，可以集體找工班裝潢、大宗購買材料，因而議價的空間也比較大。

不過，揪團買屋也要注意，人在群體裡容易迷失自己的意見，看別人覺得好，自己也會不知不覺被說服。買房子也是，有些人適合這樣的房子，但有些人並不適合。比方說有些人對西曬的房子一點也不介意，覺得有陽光灑進來讓心情很好，但有些人卻很怕熱，西曬對他來說猶如地獄。所以，大家集團看房時，本身就帶著不同的需求和偏好，切勿在眾說紛云之下忘了自己眞正的初衷。

雖然，我贊成年輕人做好購屋的準備，但還是要量力而爲，要有一個完整的理財計畫。我有個朋友的兒子，畢業後沒幾年就進一家日商公司上班，薪水大約七萬，表現得不錯，這幾年應該能有不錯的發展。他一直沒有買房的打算，賺多少就花多少。我認爲，**買房這件事會逼使一個人去思考如何運用手上的金錢，甚至會去想「未來十年我能賺多少錢？」「我要過怎樣的生活？」這樣的問題，也連帶影響你思考未來的人生藍圖。**

傳統思想認爲「有土斯有財」，我認爲，買房子本身並不是重點，而是購屋這件事會引發你對人生各種規畫的思考。如果你的工作穩定，收入也還可以，卻總是存不到錢，相信我，你一計畫買房子就會開始存錢了。

那位朋友的兒子在我的建議下四處看房子，我幫他設定大約用薪水的三分之一付房貸，再推算八成的房貸，算一下大約可以買一千萬上下的房子。他住在台北市，我建議他從林口、桃園一帶開始看，最後他選擇了桃園，因爲有開車，上了高速公路沒多久就可到公司，其實很方便。因爲買了房子，他變得更有責任感，不再跟朋友瞎混到三更半夜，也開始計畫理財了。

以我來說，因爲家境的關係，我的「理財觀」來得很早。在國外，甚至從小學就會教導孩子認識股市、認識金錢，這並不代表「銅臭味」，不管你喜不喜歡，你終究沒辦法否認，我們活在一個資本主義的社會裡。**我們認識金錢的運作原理，是爲了不被它所綑綁，是要懂得如何善用金錢**。就像國外教小孩認識社會上資本主義的運作方式，並不是爲了讓小孩開始賺錢，而是先懂得如何善用金錢。

因此，**理財絕對沒有太早這回事。所謂的理財，就是認清自己有多少資本、多少能力，而將這些資本做最妥善的安排，這是一件非常務實的事。**

我給大家的建議是，二十歲到三十歲之間要靠自己努力賺錢。這段時間擁有的資源和人脈都很少，只能靠自己的努力去達成。

三十歲到四十五歲之間，有了經驗的累積但仍然不夠，所以必須同時靠你自己和你的人脈去賺錢。而四十五歲之後，靠的則是用錢去賺錢。

金錢固然重要，但四十五歲之後，我已經意識到，再多的錢也換不來生命中許多重要的事，比如家人的關愛、人與人之間的情感交流。我的體悟是，我該做的是讓金錢發揮最大的效用，改善最多人的生活。

無形的安定力量

說到信仰，聽起來像是老人家在做的事，好像非得經歷過大風大浪，才會對宗教有所感悟。事實上，年輕人也應該有所信仰，信仰會讓你的人生有方向、有力量。在這個瞬息萬變的社會，我們都在尋找一種安身立命的安心時刻，不管是年輕還是年老，我們一定有迷惘和痛苦的時候，在這樣的時刻常常必須仰賴信仰的力量。

我接觸信仰很晚。我有一個患有小兒痲痺的姊姊，後來結婚生子，獨生子出生沒多久，姊夫就因癌症過世，留下一對孤兒寡母。我這個外甥國小時與朋友到水上樂園玩，不慎從高處跌落，頭部重創，昏迷不醒。

送到醫院後，醫生說變成植物人的機率很大，要我們有心理準備。這是我姊姊唯一的兒子，她傷心欲絕，醫生看了很不忍心。醫生是一個基督徒，於是就帶著我姊姊禱告，沒想到隔天，外甥就醒過來了，而且沒有任何後遺症，連醫生都覺得是一個奇蹟。

我姊姊從此就受洗成爲基督徒。她的經濟狀況不好，每逢過年或大小節慶，她家樓下的信箱就會收到一些沒有署名的信，裡面裝了數百元到數千元不等，原來是教會的教友們匿名捐助她。我覺得很感動，偶爾會跟著她上教會，但沒有受洗。

透過信仰，我看到了自己的不足。我一輩子努力改善家裡的經濟環境，事業也眞的成功了，但我其實常做惡夢，內心有個一直無法面對的破洞。這要從我的父親說起。

受日本教育的父親很大男人主義，採取的教育方式比較不人性化。我從小就一直有著心理陰影。比方說，父親的教育方法永遠是破口大罵，要不然就是動手體罰。我常常因爲各種原因被父親拿籐條痛打，有時是生活習慣不好，有時是爲了學校成績，但一個小孩子能犯什麼大錯？錯到値得被這樣痛打？

我每次被打，一次就是三十幾下，就像新加坡的鞭刑，一定被打到皮肉裂開、流血瘀青。媽媽則是完全相反，她從小到大都沒有打過我。每次我被打到全身是傷，媽媽幫我擦藥，叫我趴著，她擦藥的時候眼淚就難過的滴下來，滴在我的傷口上。我一直覺得傷口的痛不是痛，媽媽難過的眼淚，才讓我眞正感到心痛。

小孩都是媽媽的心頭肉。每次她幫我擦藥的時候，都是我最心痛的時候。媽媽不知道爲我掉了多少傷心的眼淚。我家四個小孩裡面我比較活潑，有各種意見，我媽也特別疼我。

我一直記得很清楚，父親最後打我的那一年，我十六歲，當時我同時考上了獸醫科和商專。我哥哥本來前一年考上高雄醫學院的藥學系，媽媽一直希望他念醫學系，所以他重考一年，和我同年升大學。那年我哥順利重考上醫學系，而我考上的是獸醫科。不過，我媽一方面爲了不想因爲小孩的成績差異而差別對待，一方面也是爲了鼓勵我，就很驕傲的跟親友說：「今年我兩個兒子都考上醫生了，只不過一個是醫兩隻腳的，一個是醫四隻腳的！」

我打算去念商專，但因爲費用比較貴，父親不肯。有天，我在練習珠算時，父親從我後面走過來，伸手打我耳光。他看我打算讀商科很不高興，要我去念獸醫，比較省錢。在這之前，我們已經爲了念什麼學校爭執過許多次，但父親又突然打我，正值青春期的我覺得深深受辱，反彈很大，當著他的面把大桌子掀起來，丟到門外。這是長年累積的情緒瀕臨崩潰邊緣。我幾乎沒有任何遲疑，鞋子也沒穿就奔出門外，離家出走。

臨時起意逃家後，我無處可去，於是打算到彰化的姑姑家裡住幾天。離家完全是個意外，身上沒有半毛錢，我就在路邊跟人要錢，搭彰化客運去找姑姑。當時是夏天，氣溫很高，腳踩在柏油路上很燙。我經過彰化的游泳池，看到池邊有泳客的拖鞋，因爲腳太燙了，忍不住就偷了別人的鞋子穿走。

我後來才知道，離家那段時間，每到太陽下山時，媽媽因爲不知道我去哪兒了，只能對著大門掉淚。到了第四天，姑姑拿車錢給我，叫我回家。媽媽早上在菜市場看到我回來，怕我轉頭又要跑掉，馬上叫了一個三輪車夫，跟車夫說：「那個是我兒子，麻煩你幫我捉住他！」媽媽說，她那幾天掉了一大碗公的眼淚。

除了掉淚之外，那幾天媽媽不斷責罵父親，要他負起責任，居然把小孩打跑了。因爲這不是我唯一一次被打，從小各種被毒打的經驗，連外人都看不下去。

在我十歲的時候，阿公的大老婆過世，那時候住的是三合院，以前的風俗習慣，長輩往生後棺木會放在大廳，靈堂也設在那裡，前面擺有香案和紙紮人，後方則擺放棺木。

那一年，我犯了一個小錯，父親把我抓進停靈的大廳，要我跪在那裡，他轉身就出門把兩扇大門用銅環鎖起來。我被關在裡面，那個經驗對一個十歲的小孩來說是非常恐怖的。我一直到長大，都還記得那個大廳裡昏暗的光線，還有空氣裡棺木上了新漆的味道，燃香、燒冥紙的味道，土牆上還掛著先人的遺照，非常可怕。

我阿嬤知道這件事後嚇破膽了，到處去求救，看能不能把我救出來。但父親的脾氣很硬，沒人勸得動他。後來，阿嬤跑去找學校的校長說服父親開門，才結束這場處罰，我前後大約被關了一個多小時。事隔四、五十年了，我還記得當時的畫面。對一個十歲的小孩施加這樣的處罰，事情有這麼嚴重嗎？

另外還有一次，是在我十二歲的時候，晚上念書時不小心打瞌睡，父親把我抓到三合院的廣場上，脫光我的衣服，天寒地凍的只讓我穿一條內褲跪在地上，還在旁邊用臉盆裝冰水，往我身上潑。

伯父伯母看到這麼殘酷的狀況，想出來說服我父親，也阻擋不了。我就這樣被潑了十幾盆水。我也很倔強，咬著牙硬撐就是不哭。說起來，我跟父親的脾氣很像，他只要拿起籐條，我哥就會喊：「我下次不敢了！」父親都會因此少打幾下。但是我不會求饒，反而會一直讓他打，打到籐條斷掉或是他打累了手軟，我再去搶他的籐條，當著他的面把籐條折斷。於是，他對我又更生氣了。

這五十年來，我時常反覆做惡夢，夢境裡有時是被罰跪，身上不斷被沖冷水。有時是夢見被毒打之後，媽媽拿藥幫我擦傷口。有時是夢見被關在停靈房間裡，害怕得大叫……只要一夢見這些情境，我一口氣就往胸口衝，沒辦法原諒父親。

進了教會後，我知道了：要饒恕別人，你才會快樂。

但饒恕談何容易？我的牧師開導我：「人與人之間，有時候連長老都會犯錯，做出不好的見證，何況是像你父親這樣的凡人呢？」我一直試著去原諒父親對我的傷害，試著去理解他的情感。在那樣的年代，要養活這麼多小孩，受的又是嚴肅的日本教育，他被時代和生活所夾殺，只是很努力的帶著我們一家人，用他的方式活下來。

他其實也是一個充滿挫敗感的父親，就像當年他把我寄回去的錢退回來，表面上是放手讓我獨立，其實這個動作也表達出他的愧疚。他自認爲沒有給我優渥的環境，不配接收我寄回去的薪水。他跟我一樣都爲人生所傷。父親是個加害者，同時也是他自己的受害者。我漸漸能夠感同身受他的苦痛，慢慢選擇原諒他了。

自從我心中原諒了我的父親，果眞就再也沒有做過惡夢。饒恕是一生的課題，並不容易做到，但你沒有做的話，會一生都活在陰影裡，這是二選一的抉擇，沒辦法打折。五十年來的陰影已經太深太重，唯一的解決辦法就是饒恕。

我決定原諒父親之後，《佳音廣播電台月刊》刊登了我的故事。各大醫院都看得到這份雜誌，父親去醫院時也看到了。他九十一歲那年跌斷了腿，爲了方便在台北就醫，從草屯搬來台北，住在哥哥家。有次我去看他，父親突然跟我道歉：「以前爸爸對你的管教太不人性了，很對不起你，可以原諒爸爸嗎？」我說：「我接受你的道歉，我願意原諒你。」這五十年來我們很少講話，終於因爲信靠宗教的緣故，我們彼此都跨出了一步。

父親受日本教育，年紀又這麼大了，道歉對他來說很不容易。我媽媽當了五十年的夾心餅乾，她目睹丈夫對兒子各種粗暴的行爲，也知道造成的傷害很大，但她夾在中間很難做人。五十年來，我每次在媽媽面前抱怨這件事，她總是避開不談。一邊是丈夫，一邊是兒子，她也很難爲。

父親道歉那天，是我媽五十年來最高興的一天，因爲終於把這道裂痕補了起來。

一個人一定要有一個好的信仰，因爲我在這個廣大的世界上，一輩子靠自己努力，最終明白個人的力量終究有限。我的工作壓力很大，做房地產有時爲了議價問題或是產權糾紛傷透腦筋，我只要一想到這些惱人的事，就一整個晚上沒辦法睡覺。成爲教徒之後，我遇到困難，都會盡力去解決、消化，但若是盡了人事仍解決不了，情緒上還是沒辦法平復的話，我會將事情擺在一旁，等明天再說，因爲主一切會有安排的。這樣一想，我的壓力頓時少了很多。

有了信仰之後，我也明白到一個道理：人最終難逃一死，肉體腐壞但靈魂可得到永生，所以到最後是「人在天堂，錢在銀行」，失去了一生在地上努力付出的收穫。我不會讓我的錢最後都只在「銀行」，人賺錢的目的是要改善自己的物質環境，但也應該用一部分的錢，幫助弱勢團體，於是我開始做一些捐獻。

不求回報的行為，最快樂

常常聽到一句老話：「施比受有福。」我年輕時不斷拚事業，一直到經濟生活穩定後，才對這句話有深刻的體悟。回顧我過往的日子，所有的行爲都是有目的、利己的，比方說我今天要賣掉多少間房子？要買多少土地做建案？利潤是多少？成本要多少？幾乎所有的行爲都是以「我可以得到什麼」來思考。

高雄有一個八十歲的阿婆莊朱玉女，她每天早上出門到市場賣自助餐，一碗白飯加兩樣菜色只收十元。大家都問：「阿婆，妳這樣虧錢，爲什麼還要賣？」阿婆說：「社會上辛苦的人很多，很多人一天只能花得起十元吃我這一餐，我如果不賣，他們就沒得吃了。」

阿婆的經濟狀況不好，每天還要去街頭巷尾收保特瓶才能勉強維持生計，她的小孩都勸她別賣自助餐了，好好在家養老，她總是說：「我再賣也沒幾年了，讓我好好爲這些人做一些事吧。」阿婆一輩子就只會燒飯做菜，但誰說一輩子只會燒飯做菜的人就沒辦法「給」？我們總以爲，要等到自己生活有餘力了，才能「給」，這其實是不對的。

如果我們仔細去了解一下現在社會的各種福利機構，支撐這些機構運作的除了政府補助之外，有很大一部分的資金來源是社會的「小額捐款」，可能是幾百元或幾千元這種數字的累積。我相信，捐錢的這些人都不是什麼富可敵國的人，但最動人的是，他們處於不是很富裕的環境，還願意掏一點錢出來幫助別人，這種情操比富人一次捐一大筆錢還令人感動。

所以，「施比受有福」這句話，我的另一番解釋是：當你覺得自己足夠了，對現狀感到滿意了，這種滿意不見得是物質狀態，而是一種精神上的知足，而只有精神上的「足夠」，才會讓你願意將自己其餘的部分施予他人，那種所謂的「福」是自我的知足。

不管是那位高雄阿婆，還是像捐款金額驚人的菜販陳樹菊，她們都是對自己的生命狀態感到珍惜，才動念幫助他人。說來慚愧，我雖然參與公益活動已經十六年了，但我的付出和這些公益前輩相比，眞的只是滄海一粟而已。

一開始是因爲我姊姊的關係，我參與教會，也跟著教會做一些行善的募款活動。在這些活動裡，讓我印象最深的是九二一大地震，我的故鄉南投縣是嚴重的災區，我決定要爲家鄉做一些事。

我的一己之力有限，想要號召一些人共同出力，於是想到了我的伯父是南投縣第一、二屆的老縣長。伯母當年已經九十歲了，罹癌後裝了人工肛門，因此不能坐太久。以前伯父在當縣長的時候，在地方一手推動、打造了很多公共建築物，卻在這場災難裡全都垮了。伯母看著自己丈夫一生的心血隨著震災化成烏有，十分心痛。

去拜訪她時，我提議：「我們要不要出來做點事，幫助南投的災區？」但我們的力量和資源都有限，能做什麼呢？伯母的手很巧，她決定要做一些手工藝來義賣。她把舊的月曆拆下來，摺了很多蝴蝶。蝴蝶一直是台灣的象徵，多年前台灣還有「蝴蝶王國」的稱號，而蝴蝶這種昆蟲一開始是其貌不揚的毛毛蟲，後來結蛹蛻變，成爲絢爛繽紛的蝴蝶，這也代表災區經過考驗、磨難之後，也能蛻變成一隻七彩美麗的蝴蝶。

我覺得這個活動很有意義，取得伯母的同意後，將她做的這些手工藝品帶到台北義賣募款。臥病的伯母擁有驚人意志力，二十天之內就摺了一萬隻。別人勸她休息，她仍堅持每天固定要摺到一定的數量才肯休息。

我在台北的圓山飯店十二樓召開義賣會，光靠這些蝴蝶就募集了三百萬元。而這三百萬元，其中的一半一百五十萬元捐給勵馨基金會，另一半則捐給伊甸基金會。這兩個基金會運用這筆錢在南投做了重建工作，像是伊甸基金會做了一個庇護工廠，專門製作輪椅，很多在災難裡失去丈夫的婦人沒有就業工作能力，就安排到這間工廠工作。不僅造福了當地災民，也將這些輪椅外銷到中東地區，因爲當地戰亂，地雷炸傷了很多人，有很多肢障人士。

至於勵馨基金會，則在南投災區成立一個婦幼中途之家，針對災區的婦女、小朋友做專門的照顧。這兩個機構做的事情，並沒有因爲災難過去十多年而停止，仍然在當地繼續執行，而且經過政府的評估，都算是績效十分優良的設施。這是發生在我自己家鄉的事，我能回饋自己的故鄉，這種感動已經不是金錢能夠衡量，讓我覺得異常光榮。

事業成功的成就感只屬於自己一個人，因爲你提升了自己的生活品質。而公益行動的成就感則不一樣，因爲你幫助了一群人，同時提升了一群人的生活品質，那種快樂是事業成功的數百倍。

現在的年輕人也很流行做志工，但這個現象好像有點被扭曲了。很多年輕人一窩蜂搶當志工，是因爲參與這些活動可以爲日後申請學校的履歷「加分」。所以一到暑假，一些到東南亞落後國家的「志工團」炙手可熱，甚至還申請不到名額。

這種出發點是爲了「利己」，和公益行動的「利他」性質已有違背。不過，不管是爲了申請學校，還是純粹爲了打發無聊時間、把志工當成一種「休閒活動」去玩一玩，我認爲都無所謂，最關鍵的是年輕人都應該放開心胸，去看一看這個世界、接觸不同的人，而做志工就是一項好選擇。也許你還沒有那麼成熟，還只把志工當成「利己」的行動，但只要好好的用心做，這些利己的行動也能達到利他的效果。

假日時，我常逛建國花市，花市裡有農夫市場，賣小農自己種的農產品。有一回，我見到一對大學生跟攤販聊天，他們竟然以爲紅豆是長在土裡，也分不出蒜苗跟青蔥的差異。這是很小的事，看起來微不足道，但顯示出我們的年輕人對眞實社會的認識其實很有限。

還有一個念小學的男生，跟著爸媽一起到獨居老人家裡幫忙，他問媽媽：「爲什麼這些人要一個人住？爲什麼會有人窮到沒飯吃？」所以很多嬌生慣養的年輕人，到各種環境下做志工，就可以了解到人生是如何複雜、社會是如何多樣，有不同的人因爲各種不同的原因，而過著完全像另一個世界的生活。

看到那些生活，你會自我反省：我為何可以這樣衣食無缺？並不是因為我聰明，或是我念的書比較多。年輕人們生在相對優渥的社會環境，國家編列教育預算讓你能受教育，社會的安全網絡，像是健保、社福措施，讓你突然失業也不至於流落街頭。

網路是這個世代的福氣，同時也是詛咒。像我以前要賣一隻金絲雀，要走多少路才賣得出去？現在網路的力量完全不一樣，不僅網路平台提供很多人創業的機會，一些滯銷的農產品也常常因為網路上一個動人的故事，就能熱銷一空。然而，網路也常讓很多年輕人以為那就是世界的全部，他們習慣透過網路體驗真實的世界，這是相當危險的。

我和很多年輕朋友談過，他們並不是不願意走出來，而是太習慣網路的世界，不知道要如何「回到」真實生活。他們習慣跟網路上的朋友說話，相信網路讀到的各式資訊，但真要他們回到真實世界與真實的人互動，卻手足無措、不知從何開始了。

所以，「志工」活動會是你了解世界的一個開端。我做公益活動這麼多年了，有些人一開始是爲了利己，想博得好名聲，或是學生純粹爲了申請學校而做，但這幾年我發現，不管做任何事，不爲任何利害計較而做是最快樂的。我想，前面提到的那位賣自助餐的阿婆，她不是爲了自己，也不全是因爲幫助他人而感到滿足快樂，而是她不計較，不具任何算計與目的，這種行爲就是最快樂的。

你還記得小時候玩玩具那種單純的心情嗎？那就是一種毫無算計、沒有目的而做的事。公益活動也是如此，它本身不應有任何名利欲望，就只是從人性中很純粹的某個良善的動機開始而已，它也可以成爲你人生中最快樂的事。

國家圖書館出版品預行編目資料

讓利，讓你無往不利：永康國際商圈推手李慶隆的故事 / 李慶隆著.
-- 初版. -- 臺北市：圓神, 2014.03
232 面；14.8×20.8公分 --（勵志書系；120）

ISBN 978-986-133-490-5（平裝）
1.李慶隆 2.臺灣傳記
783.3886 103000619

The Eurasian Publishing Group
圓神出版事業機構
用心與你對話．視野無限寬廣
圓神出版社
Eurasian Press

http://www.booklife.com.tw inquiries@mail.eurasian.com.tw

勵志書系 120

讓利，讓你無往不利

——永康國際商圈推手李慶隆的故事

作　　者／李慶隆
發 行 人／簡志忠
出 版 者／圓神出版社有限公司
地　　址／台北市南京東路四段50號6樓之1
電　　話／（02）2579-6600．2579-8800．2570-3939
傳　　真／（02）2579-0338．2577-3220．2570-3636
郵撥帳號／18598712　圓神出版社有限公司
總 編 輯／陳秋月
主　　編／林慈敏
責任編輯／林平惠
專案企劃／賴真真
美術編輯／金益健
行銷企畫／吳幸芳．荊晟庭
印務統籌／林永潔
監　　印／高榮祥
校　　對／莊淑涵．林平惠
排　　版／莊寶鈴
經 銷 商／叩應股份有限公司
法律顧問／圓神出版事業機構法律顧問　蕭雄淋律師
印　　刷／祥峰印刷廠
2014年3月　初版
2014年3月　4刷

定價 260 元　ISBN 978-986-133-490-5